Beate Peters

Gott für uns!

Mose und der „Ich-bin-da"

Religionsunterricht primar

Nach einem Konzept von Christian Grethlein

Illustriert von Svetlana Kilian

Vandenhoeck & Ruprecht

Bibliografische Information der Deutschen Bibliothek

Die Deutsche Bibliothek verzeichnet diese Publikation in der
Deutschen Nationalbibliografie; detaillierte bibliografische Daten sind im Internet über
<http://dnb.ddb.de> abrufbar.

ISBN: 978-3-525-61010-7

Printed in Germany.
Satz|Lithografie: weckner media+print GmbH, Göttingen
Druck und Bindung: ⊕ Hubert&Co, Göttingen

Gedruckt auf alterungsbeständigem Papier.

Inhalt

Lebenswelt – *Didaktische Dimension:*
entdecken, wahrnehmen

Bibel – *Didaktische Dimension:*
deuten, verstehen

Sitten und Gebräuche – *Didaktische Dimension:*
gestalten

Die Materialien (M) im Überblick

Zum Sinn und Gebrauch dieses Heftes

Liebe Lehrerinnen und Lehrer,

wir wollen Ihnen das Leben leichter machen und Ihren Religionsunterricht – prima. Darum haben wir zu den wichtigsten Themen des Grundschul-Religionsunterrichts Modelle und Bausteine entwickelt, die variabel in den verschiedenen Klassenstufen eingesetzt werden können.

Das Thema haben Sie schon gewählt, indem Sie dieses Heft aufgeschlagen haben. Die Schwerpunkte entnehmen Sie dem Inhaltsverzeichnis. Für jeden Schwerpunkt wiederum gibt es Bausteine – die konkreten Unterrichtsideen für morgen und übermorgen. Stellen Sie daraus nach Ihrer Wahl Ihre Einheit zusammen, im Blick auf die Klasse und Ihre Unterrichtsziele. Sie sollten aber darauf achten, dass die Dimensionen

 Lebenswelt (entdecken/wahrnehmen),

 Bibel (deuten/verstehen) und

 religiöse Sitten und Gebräuche (gestalten)

einander ergänzen und nichts davon zu kurz kommt.

 Die nötigen Materialien finden Sie
– soweit es Lehrermaterialien sind, innerhalb der Beschreibungen der Bausteine,
– soweit es Arbeitsblätter für die Schülerinnen und Schüler sind, am Ende jedes Bausteines als Kopiervorlagen M.

☺ In den Beschreibungen der Bausteine sind die möglichen Aufgaben für die Kinder in direkter Rede formuliert; sie können so oder anders, mündlich oder schriftlich eingesetzt werden.

Die Bibeltexte sind der Schulbibel „Wie Feuer und Wind. Das Alte Testament Kindern erzählt" bzw. „Wie Brot und Wein. Das Neue Testament Kindern erzählt" entnommen (Göttingen 2005), die die vertrauten Geschichten unter Berücksichtigung ihrer Entstehungsgeschichte, theologisch und religionspädagogisch verantwortet, neu erzählt: zum Mitdenken, zum Fragen, zum Kennenlernen des Gottes, der das Leben liebt und nicht den Tod, der lieber redet als straft, der selbst Mensch wurde, um den Menschen seine Liebe zu zeigen und das Leben neu zu schenken.

Thematisches Stichwort: Auszug

Ausziehen, das Leben kennen lernen, Erfahrungen sammeln, zur Persönlichkeit reifen – diese Motive begegnen uns nicht nur in den Märchen, sondern werden als Aspekte biblischer Geschichten im Zusammenhang religiöser Erfahrungen immer wieder aufgegriffen. In der Bibel bezieht sich das Aus- und Fortziehen jedoch nicht nur auf die individuelle Persönlichkeitsentwicklung, die losgelöst von festen Bindungen stattfindet. Im Alten Testament steht Auszug in der Regel im Zusammenhang mit der Führung und Begleitung Gottes und bezieht sich auf das von ihm in besonderer Weise begleitete Volk Israel.

Nachdem die Israeliten durch Josef lange Zeit in Ägypten ein gutes Leben führen konnten, wendet sich ihr Schicksal im Laufe der Jahrhunderte: Sie werden aufgrund ihrer wachsenden Gruppengröße als Bedrohung der Macht des Pharao verstanden. Darum, so erklärt es der biblische Zusammenhang, werden die Israeliten zunächst zu Fronarbeiten herangezogen. Als diese ihre Vergrößerung eher vorantreibt, greift der Pharao zum letzten Mittel: er lässt neugeborene Jungen töten. Hier setzt die Geschichte Moses an, der menschliche Höhen und Tiefen durchlebt, bevor er als Führer der Israeliten mit Gottes Hilfe den Auszug aus dem Land und aus unerträglichen Zuständen ermöglicht.

Die Darstellung der Errettung Israels am Meer spielt im Gesamtkonzept des Pentateuch (5 Bücher Mose) eine wichtige Rolle: Der spannungsreiche Weg Israels in das Land der Verheißung wird durch die Flucht aus Ägypten und durch Gottes wunderbare Rettungstat am Schilfmeer erst möglich. „Jahwe hat sich als der Gott erwiesen, der ein Leben in Freiheit ermöglichte. Diese Freiheit ist Gabe Jahwes, nicht das Ergebnis menschlichen Strebens und Könnens. Diese einmal, wenn auch nur von wenigen gemachte Erfahrung ist offen für andere und so wird verständlich, dass das Exodus-Motiv als ein zentrales theologisches Thema des Alten Testaments immer wieder aktualisiert werden konnte – mit vielfältigen Möglichkeiten der Identifikation."[1]

Der Weg in die Freiheit zeigt sich dabei keineswegs als leicht zu finden, sondern als äußerst langwierig und schwierig. Es zeigt sich, dass das Motiv des „Ausziehens" zwar in einmaliger Weise in der Sequenz des Durchzuges durch das Rote Meer bebildert wird. Doch der sich anschließende lange Weg in die Freiheit fordert von den Israeliten immer wieder, aus Gewohnheiten, Ängsten und aus der Haltung des Zweifelns auszuziehen. Der Auszug aus dem Land der äußeren Unfreiheit bedeutet nicht, kurzfristig und ein für alle Mal in ein Land der Freiheit hinein gezogen zu sein.

Die Geschichte von Mose lädt durch ihre Symbolhaftigkeit in besonderer Weise dazu ein, dem Motiv des Auszuges nachzuspüren: So ist es im Leben, dass immer wieder ausgezogen werden muss, dass der Weg ein Ziel ist, auf dem Höhen und Tiefen zu verarbeiten sind.

Als religiöse Bezugspunkte des „Auszuges" können die Fragen nach Ängsten, Hoffnungen und nach dem Begleitet-Sein verstanden werden. Insofern erweist sich die Geschichte des Auszuges der Israeliten, „Bekenntnis des Volkes Israel zur Befreiungstat Gottes",[2] als eine geeignete Geschichte, um auf die Befreiung aus Unfreiheit und Angst, aber auch auf das Angewiesensein auf Begleitung durch die Höhen und Tiefen des Weges einzugehen.

Die Frage nach Gott kann an vielen Stellen der Geschichte eine wesentliche Rolle spielen und entsprechend aufgegriffen werden: Wie zeigt sich Gott im Angesicht der Unfreiheit (Sklaverei, Tötung der Erstgeborenen)? Wie geht Gott mit einem Menschen um, der getötet hat (Mose auf der Flucht, der brennende Dornbusch)? Befreit Gott wirklich (Plagen, Auszug, Wüstenerfahrung)?

---

1 Michael Gartmann, Jahwe – ein Gott, der in die Freiheit führt in: ru 1, 1993, Exodus – Neue Erinnerung an eine alte Tradition, S. 9.
2 ebd.

Durchzug durch das Schilfmeer

Die Sequenz des Durchzuges durch das Schilfmeer kann als Bebilderung verstanden werden: Das Wirken Gottes öffnet den Weg in ein versprochenes Land. In diesem Sinne kann das *Konzept der Lernchancen* von Horst Klaus Berg als Grundlage dienen. Er verweist darauf, dass Texten eine zweite, tiefere Schicht zu eigen sei. „Diese hat in Bildern und Symbolen grundlegende Erfahrungen und Lebensvollzüge aufbewahrt, die auch heute als Kräfte zur Selbstfindung und zur Heilung von psychischen Defiziten und Beschädigungen entdeckt und freigesetzt werden können. (...) Bei einer auf die Beachtung der Tiefenstruktur ausgerichteten Betrachtung käme es darauf an zu erkennen, welche existenziellen Grunderfahrungen in der Symbolwelt der Exodus-Überlieferung aufgehoben sind und heute aufgeschlossen werden können."[3]

Die Bildhaftigkeit dieser Szene lädt dazu ein, einzutauchen, sie nachzuempfinden und im Laufe des Lebens auf durchlebte Situationen zu übertragen bzw. in Beziehung zu ihnen zu setzen: „Ist Gott da, wenn ich – eingeengt von allen Seiten – meinen Weg nicht mehr sehe?", so könnte man fragen. Ich sehe die Chance, solche Fragestellungen anzubahnen, wenn wir Kinder zunächst anregen, sich in die Ebene der Handlung ganz hineinzubegeben.

Lasst und dem Herrn singen

Soll im Rahmen der Geschichte ein Gottesbezug hergestellt werden, kann das biblische Motiv des Dankliedes der Mirjam aufgegriffen und betont werden. Mirjam deutet in diesem Lied den Durchzug durch das Meer als Errettung durch Gott. Indirekt kann durch die Behandlung des Liedes im unmittelbaren Anschluss an den Auszug deutlich gemacht werden, dass beim Bezug zu Gott häufig im Nachhinein Geschehenes auf sein Wirken hin gedeutet wird. Glaube zeigt sich hier als gedeutete Erfahrung der Rettung, die den Dank der Geretteten provoziert.

Kinder im Grundschulalter können diese theologische Grundannahme keinesfalls reflektieren. Durch den wiederholten Umgang mit Psalmen und Gebeten aber kann ihnen im Laufe der Zeit immer deutlicher werden, dass Figuren einer Geschichte ihr Leben auf Gott beziehen. Ob sie ihr eigenes Leben in dieser Beziehung sehen wollen und können, bleibt ihnen überlassen und entzieht sich sicherlich der Behandlung im Religionsunterricht.

Ebenso wenig kann im Unterricht der Schwerpunkt darauf gelegt werden, die Exodus-Sequenz als Beispielgeschichte einer historisch-wahrhaftigen, jederzeit wiederholbaren, wundersamen Rettung zu vermitteln. Vielmehr soll angebahnt werden, durch die Erzählung in ihrer Ganzheit und durch nachvollziehbare Grunderfahrungen auf eine andere Wirklichkeit hinzudeuten, durch die Mut für den Alltag gewonnen werden kann. „Die Bibel hält auf Lebensfragen heutiger Menschen nicht einfach Glaubensantworten bereit. Oftmals stellt sie Gegenerfahrungen vor Augen, Modelle gelungenen Lebens, die unsere eigenen Erfahrungen kritisch beleuchten. (...) Diese Gegenwelt hat die Menschen über Jahrtausende getröstet, ermutigt und zu Veränderungen beflügelt. Sie ist wohl darum so mächtig, weil sie an die Lebenschancen, die den Menschen zugedacht sind, erinnert."[4]

3 Horst Klaus Berg: Grundriss der Bibeldidaktik, München und Stuttgart 1993, S. 43.
4 ebd., S. 41.

Pädagogisch-didaktischer Horizont

Die vorliegenden Unterrichtsbausteine verstehen sich in ihrer Fülle als Angebot, aus dem jeweils nach eigenen Schwerpunkten ausgesucht werden kann. Die meisten Sequenzen dieses Bandes bieten sich eher für Dritt- und Viertklässler an als für Schüler in den ersten beiden Schuljahren. Die Tiefe und Komplexität der in den Mose-Geschichten vermittelten Glaubenserfahrungen bedarf – zumindest für den Rahmen des Religionsunterrichtes – eines gewissen Maßes an Reflexions- und Ausdrucksfähigkeit. In Klasse 1 und 2 könnte die Mose-Geschichte sicherlich erzählt und so in ihrer Bildhaftigkeit in den Gedanken der Kinder verhaftet werden, doch sollte eher davon Abstand genommen werden, ausführlich die einzelnen erfahrungsbezogenen Themenaspekte zu behandeln.

Grundsätzlich bieten sich verschiedene Varianten in der Zugehensweise an:

 Ausgangspunkt sind die Erfahrungen der Kinder, wie sie in den Motiven der einzelnen Bausteine zur Mose-Geschichte aufscheinen. Diese Erfahrungen der Kinder werden thematisiert und bearbeitet; im Anschluss wird jeweils die entsprechende Sequenz der Geschichte präsentiert.

 Die Mose-Geschichte ist Ausgangspunkt für eine Unterrichtsreihe und wird ggf. bei bestimmten Themenschwerpunkten durch eine Erweiterung mit Aspekten aus der Lebenswelt der Kinder ergänzt.

 Ein Verbleiben in der Mose-Geschichte ermöglicht eine intensive Auseinandersetzung mit möglichen Eindrücken, Gefühlen und Erlebnissen der Protagonisten (z.B. durch Rollenspiele) und greift so kindliche Erfahrungen indirekt auf.

 Die Bausteine der Einheit, die sich stärker auf die kindliche Erlebniswelt beziehen, werden im Unterricht verwendet, ohne dass ausführlich auf die Mose-Geschichte eingegangen wird. Im Vordergrund des biblischen Zusammenhangs könnte dementsprechend die Aussage „Gott ist (für uns) da" stehen und sollte durch gemeinsame Erfahrungen wie Gebete, Segenswünsche oder Andachten in kirchlichem Rahmen ergänzt werden.

Die Schwerpunkte sind so zusammengestellt, dass die verschiedenen prozessbezogenen Kompetenzbereiche möglichst umfassend angesprochen und geschult werden: wahrnehmen und beschreiben; verstehen und deuten; kommunizieren und teilhaben; gestalten und handeln. In Bezug auf die inhaltlichen Kompetenzbereiche werden die Bereiche „Nach Gott fragen" und „Nach dem Menschen fragen" aufgegriffen.

Folgende Lernchancen können mit den Unterrichtsbausteinen und dem Aufbau der Unterrichtsreihe angeboten werden und den Kompetenzerwerb unterstützen:

– Zusammenhänge des je eigenen Lebens ganzheitlicher und bewusster wahrnehmen lernen

– die Frage nach Gott stellen und über eigene Gottesvorstellungen nachdenken

– durch die Mose-Geschichte über verschiedene Aspekte des Menschseins, des Lebens sowie des Glaubens und Vertrauens nachdenken:
  - von Erfahrungen mit Gott hören und diese ggf. auf das eigene Leben beziehen
  - das Begleitetsein durch Gott als Erfahrung und Angebot des Glaubens begreifen lernen
– durch die Mose-Geschichte, andere Texte und verschiedene Anregungen zu entsprechenden Motiven Erfahrungen auf dem je eigenen Lebensweg assoziieren, nach Möglichkeit reflektieren und in den Zusammenhang mit der Frage nach Gott bringen:
  - über Freiheit und Unterdrückung nachdenken
  - über den Wert des Lebens und Möglichkeiten zu seinem Schutz nachdenken
  - über Recht und Unrecht nachdenken
  - über Anforderungen und das Gefühl der Überforderung nachdenken
  - über Wünsche und Hoffnungen nachdenken
  - mögliche Wüstenerfahrungen in Ansätzen nachempfinden
  - darüber nachdenken, woran das Herz hängt
  - über Bedingungen für ein gelingendes Miteinander nachdenken

– biblische Texte kennen lernen und als Beispielgeschichten für die Begleitung Gottes deuten lernen:
  - Mose (Genesis 2)
  - Psalmausschnitte
  - das Gebet als Möglichkeit zum Gespräch mit Gott über eigene Befindlichkeiten verstehen und ggf. erfahren lernen
  - Lieder als Ausdrucksmöglichkeiten für Glaubensaussagen und für Gebete kennen lernen

Was sich methodisch durch die Einheit ziehen könnte

a) Singen des Erzählliedes: Hey, Gott verlässt uns niemals
b) Gestaltung einer Sandkasten-Landschaft
c) Gestaltung eines Mose-Buches (unter Verwendung der Kapitel-Titel-Seiten und eigener Bilder und Texte)
d) Schreiben einer Zeitung (zur gesamten Geschichte oder zu Sequenzen)
e) Gestalten einer Wandzeitung

1 Beherrscht und unterdrückt – wenn man sich unfrei fühlt

Für uns ist es heute kaum vorstellbar, was es bedeuten kann, in einem fremden Land zu leben und dort als unfreier Mensch zu unliebsamen Arbeiten gezwungen zu werden. Was es letztendlich für die Israeliten bedeutet haben kann, unter der Herrschaft eines wie ein Gott verehrten Pharaos zu leben, dem Kult der Verehrung vieler Götter ausgesetzt zu sein und doch die eigene Identität und den Glauben an den einen Gott bewahren zu wollen, ist wohl nicht wirklich von uns nachzuvollziehen.

Wir leben in einem demokratischen Land. Das bedeutet, weder der Willkür Herrschender ausgesetzt zu sein noch als unfreier, benutzbarer Mensch zweiter Klasse unterdrückt zu werden. Die Grundrechte gelten für jeden Bürger und die Würde des Menschen wird vom Staat geschützt. So sind für jeden Einzelnen die äußeren Bedingungen dazu gegeben, ein Leben in Freiheit zu führen. Ist deshalb jeder Mensch ein freier Mensch? Sicherlich nicht – und an dieser Stelle kann die religionspädagogische Frage nach psy-

chischen Abhängigkeiten und inneren Unfreiheiten ansetzen. Es gilt für uns als Religionslehrerinnen und -lehrer, sowohl Sensibilität für die je eigenen Erfahrungen der Unfreiheit zu entwickeln als auch Kindern Möglichkeiten anzubieten, über ihre Empfindungen und Erfahrungen nachzudenken bzw. diese – je nach Bedarf – zur Sprache zu bringen. Die folgenden Bausteine können als Anregungen für den Unterricht verstanden werden, um einen sicherlich längerfristigen Prozess zu unterstützen.

Um in die Thematik einzuführen, kann entweder von der für die Kinder ferneren Mose-Geschichte oder von direkt erlebten Schüler-Situationen ausgegangen werden. Durch einen Einstieg mit Hilfe einer für die Kinder ferneren Szene, in der Herrscher und Beherrschte eine Rolle spielen, kann ein Verfremdungseffekt erzielt werden, der wiederum eine bewusstere Annäherung und genaueres Hinsehen ermöglicht.

 ## Von Herrschern und Unterdrückten

Die Klasse wird in zwei Gruppen eingeteilt. Beide Gruppen sitzen oder stehen sich gegenüber. Das Sprechstück ✎ kann durch Bewegungen und Gesten ergänzt werden. Es sollte mindestens

zweimal nacheinander in wechselnden Gruppen gesprochen werden. Nach jedem Durchgang kann kurz die Möglichkeit gegeben werden, sich zu Emotionen und Gedanken zu äußern.

 Zum Lesen und Sprechen

Gruppe 1

Ha, wir sind klasse! Ha, wir sind stark!
(auf die Brust klopfen, Fäuste hoch zeigen)

Na, ihr Kleinen, was wollt ihr? Na, ihr Kleinen, was wollt ihr?
(einen Schritt vor gehen, von oben herab gucken, mit Schulter zucken)

Wir sind wichtig, wir sind groß! Wir sind echte Sieger!
(Brust betont nach vorn drücken, Hände in die Hüften legen)

Ihr macht, was wir woll'n! Ihr macht, was wir woll'n!
(mit Zeigefinger zuerst auf Kinder der anderen Gruppe, dann jeweils auf sich selbst zeigen)

Gruppe 2

Wir sind klein. Wir sind klein. Wir sind klein. Wir sind klein.
(gebeugt stehen, nach unten gucken)

Lasst uns doch in Ruhe! Lasst uns doch in Ruhe!
(Hände zusammennehmen und bitten)

Warum seid ihr so gemein? Das ist fies!
(Mit dem Kopf schütteln. Einmal stampfen.)

Sind wir etwa schlechter? Sind wir etwa schlechter?
(Hände fragend nach vorn ausstrecken)

 # Unterdrückt?

Die im Folgenden beschriebenen Aufgaben sind für leistungsstarke Klassen gedacht: Verschiedene kurze Szenen (M1) mit offenem Ende, die dem Kinderalltag vermutlich recht nah sind, werden von verschiedenen Kindergruppen mit Hilfe von Szenen-Spielanweisungen eingeübt und nacheinander vorgespielt. Möglich wäre auch, passend zur Klassensituation eine einzige Szene auszuwählen und diese von mehreren Gruppen parallel spielen zu lassen. Als Beobachtungsauftrag für das Zusehen könnte formuliert werden:

☺ Sieh dir die kleinen Theaterstücke an. Überlege, wie es den Personen in den Stücken geht. Wie fühlen sich die Personen? Wer fühlt sich frei? Wer fühlt sich unter Druck/unterdrückt?

Im Anschluss an das Spiel und die Beantwortung der Fragen könnte gemeinsam überlegt werden, wie die Szenen enden könnten und welche Konsequenzen jedes mögliche Ende hätte. Dabei könnten die Fragen: „Was macht jemanden frei?" und „Wer ist am Ende unter Druck/unterdrückt?" eine Rolle spielen.

Alternativ zur gemeinsamen Bearbeitung könnten auch die Gruppen selbst den Auftrag bekommen, sich jeweils ein mögliches Ende zu überlegen. Am Ende könnten die Kinder angeregt werden, von selbst erlebten Situationen zu erzählen.

 # „Immer ist er der Bestimmer!"

Die Geschichte könnte gemeinsam gelesen und anschließend besprochen werden. Dabei könnten die Kinder aufgefordert werden, Gedanken der handelnden Personen zu formulieren, Sprechblasen auszufüllen oder ein Standbild zur Schlüsselszene zu bauen und anschließend für die „eingefrorenen" Personen Gedanken laut zu äußern. Der abschließende Impuls soll eine Perspektive für die Schülerwirklichkeit eröffnen:

☺ Nenne Möglichkeiten, wie die Personen anders miteinander umgehen könnten.

Zum Lesen oder Erzählen

„Ich komme heute nicht zum Spielplatz!", sagte Jonas zu seinem Freund Philipp. „Ach, schade, dann macht's nur halb so viel Spaß!", antwortete dieser und versuchte, Jonas doch dazu zu bewegen zu kommen. „Wir könnten doch wieder unsere Roller mitbringen und auf dem Waldweg ein Rennen veranstalten. Du bist echt so schnell, dass du bestimmt wieder alle schlägst!"

Jonas huschte ein Lächeln über das Gesicht. Ja, er war ein schneller Roller-Fahrer. Noch nie hatte ihn jemand geschlagen. Zu gern würde er wieder einmal ein Rennen veranstalten. Aber das würde ja sowieso wieder nichts werden. Denn da war Nils, der Junge aus der Fünften, der sich aufführte, als sei er der Herr des Spielplatzes. Mit coolen Sprüchen hatte er es geschafft, zum Bestimmer des Platzes zu werden. Die Kleineren fanden ihn toll, himmelten ihn an und taten, was immer er wollte. Hatte er keine Lust zum Spielen, lud er sie zu sich nach Hause ein und hockte den ganzen Tag mit ihnen vor dem Computer. Natürlich durften dann nicht alle mit. Nur wer vorher besonders nett zu ihm war, durfte hinter ihm hertrotten. Oh, Mann, warum waren darauf nur alle so scharf? Jonas verstand einfach nicht, was sie an Nils so toll fanden. Er hatte nie eine Idee, was man draußen spielen konnte, er machte nicht mit beim Fußball und Roller fahren konnte er wohl gar nicht. Jedenfalls lenkte er immer ab, wenn andere überlegten, ihre Roller zu holen.

Seitdem Nils jeden Tag auf den Platz kam, hatte es kein einziges Roller-Rennen mehr gegeben. Was also sollte Jonas da auf dem Spielplatz? Alle Spiele, die ihm Spaß machten, wurden nicht mehr gespielt. Und auch für Roller schien sich niemand mehr zu interessieren. Jonas hatte weder Lust, in der Ecke zu sitzen und rumzugammeln noch Computer zu spielen. Da konnte er lieber gleich zu Hause bleiben und im kleinen Garten allein spielen.

„Was ist bloß mit dir los?", fragte Philipp, „du warst doch sonst immer dabei! Und wir hatten so viel Spaß!" Jonas wollte sich schon wegdrehen, als Philipp sagte: „Oder geht's dir auch so, dass du Nils nicht magst?" „Was heißt: Geht's dir auch so?", fragte Jonas. „Na, den finde ich so eingebildet und blöd, dass ich ihm am liebsten Platzverbot erteilen würde. Aber die anderen scheinen ihn ja zu lieben. Dabei sitzt er eigentlich nur rum und ist ein Langweiler. Der hat ja nie wirklich gute Ideen, was man mal machen kann. Aber er tut so, dass man es denkt."

Jonas freute sich, dass Philipp das auch so sah: „Mensch, und ich dachte, du findest ihn so toll! Deshalb mag ich schon gar nichts mehr sagen. Jedenfalls komm ich nicht mehr nur zum Rumsitzen auf den Spielplatz. Ich will da spielen. Und wir haben immer echt super gespielt!" „Das finde ich auch!", meinte Philipp. „Dann müssen wir eben mal mit Nils reden – oder besser auch mit den anderen. Die müssen mal merken, wie langweilig das ist, was die da machen!" „Aber ich trau mich nicht!", meinte Jonas, „Nils kann auch ganz schön ungemütlich werden!"

Philipp stupste Jonas an und sagte fröhlich: „Aber jetzt sind wir doch schon zu zweit! Und wer weiß, wer in Wirklichkeit auch noch genervt von Nils' Gequatsche und Rumgehänge ist. Ich glaube, da sind noch mehr, die viel lieber richtig spielen würden." Jonas guckte immer entspannter und meinte schließlich: „Na gut, dann komm ich heute. Und dann spielen wir mal wieder richtig!" „Und wir machen ein Roller-Rennen, da kannst du sicher sein!", sagte Philipp, winkte einmal kurz und lief zum Mittagessen nach Hause.

Als Israel in Ägypten war ...

Um die Situation der Israeliten zu verdeutlichen, könnte die Zeichnung (Deckblatt, S. 11) als stummer Impuls genutzt werden. Durch einen anschließenden kurzen Lehrervortrag könnten den Kindern einige Informationen darüber gegeben werden, dass die Israeliten zum Bauen von Gebäuden herangezogen wurden und bei der Herstellung von Lehmziegeln helfen mussten. Die dabei möglicherweise empfundene Unterdrückung könnte durch eine rhythmische Übung in Verbindung mit dem monotonen Sprechen vorgegebener Sätze und entsprechenden wiederkehrenden Bewegungen in Ansätzen nachempfunden werden.

 Zum Sprechen und Darstellen

Sprechen	Darstellen
Sonne, Hitze, Schwitzen ...	Mit der rechten Hand zur Sonne zeigen, beide Hände zum Körper hin bewegen, mit der rechten Hand über die Stirn wischen
Wasser holen...	Sich bücken, pantomimisch Wasser in Eimer füllen, diesen auf den Kopf stellen, zwei Schritte machen
Puh, ist das schwer!	Pantomimisch etwas Schweres hochheben, sich drehen, es wieder absetzen
Lehmziegel formen...	Pantomimisch Lehm in die Hand nehmen, einen Ziegel formen, ihn ablegen
Jeden Tag dasselbe!	Stehend, die Hände in die Hüften gelegt sprechen
Alles tut mir weh!	Hände mit gekreuzten Armen zunächst auf Schultern, dann ungekreuzt auf Bauch und auf Oberschenkel legen
Gott, sieh unser Leid!	Die Arme über den Kopf heben, mit nach oben geöffneten Handflächen

 ## Pharao und sein Befehl

Soll der biblische Zusammenhang von Moses Geburt erzählt werden, so bietet es sich an, mit dem Befehl des Pharao, alle israelitischen Jungen zu töten, zu beginnen. Dadurch wird nicht nur die biblische Erzählfolge aufgegriffen, sondern auch die Situation der Israeliten in drastischer Weise dargestellt. Nach der Erzählung könnte eine fiktive Situation Anlass zu einem kurzen szenischen Spiel und somit zu einer Perspektivübernahme bieten:

Wählen Sie einige Kinder aus, die Gesandte des Pharao spielen und den Befehl des Pharao mit eigenen Worten den Israeliten verkünden. Motivieren Sie die übrigen Kinder, sich in die Situation der Israeliten hineinzuversetzen und lassen Sie sie evtl. den Sprechgesang aus dem vorigen Baustein zur Einstimmung ausführen. Übernehmen Sie dabei kurzzeitig die Rolle eines Antreibers, der unter Druck setzt, oder bitten Sie ein geeignetes Kind, dies zu tun. Während einige Kinder durch immer wiederkehrende Bewegungen die harte Arbeit nachspielen, erscheinen die Gesandten des Pharao und verkünden den Befehl.

Befragen Sie im Anschluss im Sinne eines Interviews die Kinder in ihren Rollen nach ihren Reaktionen. Auch die Gesandten des Pharao dürfen sich äußern.

☺ Ich habe gesehen, dass du hier hart gearbeitet hast. Nun kamen gerade Gesandte des Pharao. Was wollten sie? ... Wie geht es dir, nachdem du vom Befehl gehört hast? ... Kennst du israelitische Frauen, die gerade Kinder bekommen? ... Wie soll es für euch Israeliten weitergehen? ... Um was wirst du Gott heute Abend bitten?

☺ Ich sehe, du bist ein Gesandter des Pharao. Was machst du hier bei den israelitischen Arbeitern? ... Wie findest du den Befehl des Pharao? ... Wie findest du es, dass hier bei euch in Ägypten israelitische Arbeiter Häuser bauen müssen?

Im Anschluss an eine Spiel- und Interview-Runde könnten je nach Gruppengröße und Interesse ein bis zwei Wiederholungen mit neuen Rollen (evtl. differenziertere Aufteilung: israelitische Männer, Frauen, Kinder, ägyptische Männer und Frauen, der Pharao selbst) inszeniert werden. Am Ende könnte das Lied „Als Israel in Ägypten war" eingeführt werden. Ebenfalls wäre möglich, den ersten Teil des Mose-Liedes, das sich durch die gesamte Einheit ziehen könnte, zu singen (Text: M2).

Lieder

Als Israel in Ägypten war (nach dem Gospel: When Israel was in Egypt's Land)

Hey, Gott verlässt uns niemals (nach dem Spiritual: Komm, sag es allen weiter)

Unterdrückt?

Rollenspiel-Karten für jeweils ungefähr acht Kinder pro Gruppe

Szene 1: Auf dem Schulhof

Das passiert in eurer Szene:

Auf dem Schulhof spielt ihr miteinander Fußball gegen Kinder aus einer anderen Klasse. Ein Kind aus eurer Klasse läuft nur sehr langsam und verliert den Ball an eure Gegner. Ihr seid sauer und schimpft auf das Kind. Ihr wollt, dass es nicht mehr in eurer Mannschaft spielt, weil es schon häufiger den Ball verloren oder Fehler beim Spielen gemacht hat.

Teilt ein:

Wer von euch spielt Kinder aus eurer Klasse? (bis zu 4 Kinder)
Wer von euch spielt das Kind, das langsam ist? (1 Kind)
Wer spielt Kinder aus der Nachbarklasse? (bis zu 3 Kinder)

Überlegt:

■ Wie könnt ihr auf kleiner Fläche in der Klasse so tun, als würdet ihr richtig Fußball spielen?
■ Was könntet ihr als Ball benutzen?
■ Wie könnt ihr die Szene so spielen, dass deutlich wird, dass ein Kind langsam ist?
■ Wie läuft das Gespräch genau ab, das ihr führt, wenn ihr sauer seid?

Unterdrückt?

Rollenspiel-Karten für jeweils ungefähr acht Kinder pro Gruppe

Szene 2: Klauen?

Das passiert in eurer Szene:

Ihr macht einen Ausflug und geht miteinander in die Fußgängerzone einer Stadt. Hier dürft ihr in kleinen Gruppen bummeln. In eurer Gruppe ist ein Kind, das plötzlich sagt: „Hey, habt ihr schon mal probiert zu klauen?" Ihr seid erschrocken und schüttelt mit dem Kopf. Das Kind sagt weiter: „Na, dann probiert's doch mal! Ist gar nicht so schwer! – Oder seid ihr Feiglinge?" Das wollen manche nicht auf sich sitzen lassen. Ein Kind meint: „Ich bin doch kein Feigling!" Und dann geht dieses Kind los und klaut tatsächlich etwas aus einem Laden. Die anderen Kinder bleiben draußen und reden darüber.

Teilt ein:

Wer von euch spielt das Kind, das zum Klauen auffordert?
Wer spielt das Kind, das tatsächlich etwas im Laden klaut?
Wer spielt die übrigen Kinder?

Überlegt:

■ Worüber redet ihr am Anfang, so dass die Zuschauer verstehen, dass ihr in einer Stadt bummelt?
■ Wann spricht das Kind, das zum Klauen auffordert?
■ Was sagen die übrigen Kinder am Ende, als tatsächlich etwas geklaut worden ist?

Unterdrückt?

M1

Rollenspiel-Karten für jeweils ungefähr acht Kinder pro Gruppe

Szene 3: Erpresst werden

Das passiert in eurer Szene:

Mehrere Kinder sind auf dem Weg von der Schule nach Hause. Sie reden und lachen miteinander. Plötzlich stellt sich ihnen ein älterer Schüler in den Weg und fragt: „Na, ihr Kleingemüse, wollt ihr durch?" Die Kinder schauen sich ängstlich an und nicken mit dem Kopf. „Dann müsst ihr erst mal Eintritt zahlen!", sagt der ältere Schüler. „Wie meinst du das?", fragt daraufhin einer aus der Gruppe der kleineren Kinder. Der ältere Schüler stemmt seine Arme in die Seiten und antwortet: „Wie ich das meine? Du kleine Erbse weißt genau, wie ich das meine! Eintritt ist Geld, falls es einer doch noch nicht kapiert hat!" Bedrohlich stellt er sich vor die Kinder und hält die Hand auf.

Teilt ein:

Wer spielt die Kinder auf dem Nachhauseweg?
Wer spielt den älteren Schüler?

Überlegt:

■ Worüber sprecht ihr am Anfang, so dass die Zuschauer verstehen, dass ihr von der Schule nach Hause geht?
■ Wo geht ihr beim Vorspielen in der Klasse lang?
■ An welcher Stelle begegnet euch der ältere Schüler und woher kommt er?
■ Wie reagieren die Kinder am Ende, als der ältere Schüler die Hand aufhält?

M 2a

Das Mose-Lied

**Refrain: Hey, Gott, verlässt uns niemals,
lässt uns nicht fallen, bleibt uns nah!
Hey, Gott verlässt uns niemals,
ist immer für uns da!**

1. Teil

Puh! Täglich harte Arbeit!
Als Sklave war es schwer!
Vor vielen tausend Jahren,
da litten Menschen sehr!

Doch manchen half der Glaube:
Ja, Gott ist immer nah.
Auch wenn das Leben schwierig,
ist er doch trotzdem da!

2. Teil

Ein Kind wurd' einst gerettet
im Korb, direkt am Nil,
die Pharaonen-Tochter
fand ihn – und er gefiel.

So kam dies kleine Baby
das Mose wurd genannt,
zum Königshaus Ägyptens
und wurde bald bekannt.

Doch auch die eigne Mutter
durft' Mose häufig sehn.
wenn sie erzählt vom Glauben,
kann Mose es verstehn:

3. Teil

Er sah die Menschen schuften,
von früh bis in die Nacht.
Ein Aufseher schlug heftig,
was ihn sehr wütend macht'.

Zack, eh der sich versehen,
da schlug auch Mose zu:
Der Man fiel tot zu Boden,
der Sklave hatte Ruh.

Doch Mose blieb alleine.
Was hatte er getan?
Er floh schnell in die Wüste,
an ihn kam keiner ran.

4. Teil

Dort sprach ihn eines Tages
Gott selbst am Dornbusch an:
„Geh wieder nach Ägypten!
Sag, nun ist Auszug dran!"

„Ich führ euch in die Freiheit
und du hilfst mir dabei!
Wo Milch und Honig fließen,
dort zieht hin und seid frei!"

Den Pharao bat Mose:
„Nun lass mein Volk doch gehn!
Denn Gott ist da und stärker,
kannst du das nicht verstehn?"

Das Mose-Lied

**Refrain: Hey, Gott, verlässt uns niemals,
lässt uns nicht fallen, bleibt uns nah!
Hey, Gott verlässt uns niemals,
ist immer für uns da!**

5. Teil

So schickte Gott die Plagen.
Der Pharao schrie: „Oh! –
Los, bittet Gott und geht schnell,
dann hab ich Ruh, hohoho!"

Doch Pharao brach Worte,
ließ keinen Menschen gehn.
„Tja, guter Mann, na warte!",
sprach Mose, ließ ihn stehn...

Es kam die Nacht der Nächte,
man aß und sprach mit Gott.
Als die Ägypter schliefen –
oh Schreck – kam ihre Not...

7. Teil

„Oh, nein, nur Wüstenwege!"
Die Menschen murrten viel.
Doch Gott war da und hörte,
gab Manna bis zum Ziel.

6. Teil

Zack-zack, weg aus dem Lande!
Zum Wasser zog man los:
„Nun kommt sie bald, die Freiheit!"
Doch – Halt! Wer kam da bloß?

Des Pharaos Gesandte,
die ritten durch den Sand.
Oh Schreck! Nun wusste keiner:
„Wie kommt man aus dem Land?"

Doch Mose, der vertraute,
er hob schnell seine Hand,
da war ein Weg zu sehen
durchs Wasser bis zum Land.

8. Teil

Am Sinai-Gebirge
blieb Mose lange fort,
die Menschen glaubten nicht mehr,
dass Gott war wirklich dort.

So bauten sie zum Sehen
ein Götterbild schnell auf,
sie lachten, sangen, tanzten
und waren stolz darauf...

Krabomm – da zuckte mancher
zusammen, aber wie!
Denn Mose war gekommen
und schrie: „Ihr lernt's doch nie!"

M 2 C

Das Mose-Lied

**Refrain: Hey, Gott, verlässt uns niemals,
lässt uns nicht fallen, bleibt uns nah!
Hey, Gott verlässt uns niemals,
ist immer für uns da!**

9. Teil

„Wann glaubt ihr es denn endlich,
dass Gott euch nicht verlässt?
Er schenkt euch die Gebote,
damit ihr's nicht vergesst!"

10. Teil

Nach über vierzig Jahren
kommt man zum neuen Land,
und Josua zieht weiter,
geführt an Gottes Hand.

In Jericho gibt's Mauern,
so hoch, so stark, so fest.
Doch Josua – sehr pfiffig –
Posaune spielen lässt.

Hurra! Nach vielen Jahren
ist endlich man nun da,
wo Milch und Honig fließen
und Gott ist immer nah...

2 Dem Leben eine Chance geben –
wenn man eine mutige Entscheidung trifft

Dem Leben eine Chance zu geben bedeutet nicht nur, Leben zu ermöglichen und jemanden vor dem Tod zu retten. Leben zu ermöglichen kann auch meinen, die Bedingungen für das Leben, das eigene und das der anderen, aktiv mitzugestalten und nach Möglichkeit zu verbessern. Eine wichtige Voraussetzung dafür ist sicherlich, dass das eigene und das andere Leben als einzigartig empfunden und geachtet werden. Nur wer es gelernt hat, *acht*-sam mit dem Leben umzugehen und die Lebendigkeit wahrzunehmen, wird wertschätzen, wie unnachahmlich jedes einzelne Lebewesen gemacht ist.

Insbesondere derjenige, der das Leben als Schöpfung begreift, wird immer wieder Hoffnung für das Überleben schöpfen können, auch wenn die Erfahrungen der Grausamkeit und des Todes Grenzen deutlicher machen. Denn der Segen Gottes liegt auf den Menschen und Lebewesen – ganz kreatürlich in der Geburt erlebbar. So kann es bedeuten, Widerstände zu überwinden, um aktiv das Leben zu bewahren: Widerstände durch eigene Bequemlichkeiten, Widerstände aber auch durch Meinungsverschiedenheiten mit anderen Menschen und sogar Widerstände durch politische Gegebenheiten.

Die Überwindung von Widerständen kostet in jedem Fall Energie, manchmal erfordert es aber auch Mut, so dass Risiken eingeschlossen sind. In der Geschichte setzt sich die Familie des neugeborenen Mose mutig für dessen Überleben ein. Im Leben der Schulkinder heute gibt es ebenfalls Situationen, in denen mutig für das Leben eingetreten werden kann. Möglicherweise bereits erlebte Situationen gilt es bewusster zu machen, um dazu beizutragen, dass in einer längerfristigen Entwicklung eine achtsame Einstellung dem Leben gegenüber ausgebildet werden kann.

Wünsche für ein neues Leben

Kündigt sich in der Familie Nachwuchs an, spüren auch Kinder, dass Veränderungen anstehen und sehen oft der Geburt mit großer Erwartung entgegen. Oft erleben sie die Geburt eines Babys bzw. dessen Entwicklung in den ersten Wochen bewusst mit, freuen sich darüber und erleben staunend, dass sich ein kleines, zartes Wesen zu einem größer werdenden Kind verändert. Egal, ob Kinder in den ersten Klassen bereits Geschwister haben, gerade ein Geschwisterkind erwarten oder allein mit ihren Eltern leben, das Wunder eines neugeborenen Kindes ist für jedes Kind nachvollziehbar. Hier ist der Segen Gottes unmittelbar zu erleben.

Zur Motivation und zum Staunen könnte eine Mutter mit Baby für kurze Zeit in den Unterricht eingeladen werden. Sollte dies nicht möglich sein, könnte als Impuls ein Bild von einem Säugling benutzt werden. Die Kinder können angeregt werden, zu beschreiben, worüber man bei einem Neugeborenen staunen kann. Im Anschluss kann überlegt werden, was dem kleinen Baby für sein Leben zu wünschen ist. Damit konkretisieren die Kinder, was biblisch Segen genannt wird. Entsprechende Sätze können auch auf Arbeitsblatt M3 geschrieben werden.

In leistungsstarken Lerngruppen könnte zum Abschluss der Begriff „Hoffnung" auf einen Pappstreifen geschrieben und als stummer Impuls in die Mitte zu einem Babybild gelegt werden. Die Kinder formulieren, inwiefern die Geburt eines Kindes mit Hoffnung verbunden sein könnte. Der Bezug zu Gott kann eingeflochten werden, indem zum Schluss das Lied „Du bist da, wo Menschen leben" (Lied, S. 26) gesungen wird. Ein direkterer Zugang, den manche Lehrerin schon erprobt haben mag: Die Kinder werden aufgefordert, ihr Staunen angesichts des Neugeborenen, ihre Sorge um seine Bewahrung, ihre Hoffnung für seine Zukunft vor Gott zu bringen: Auf bunten Karten formulieren sie (anonym) Lob-, Dank-Bittgebete und legen sie rund um das Baby-Bild.

Wenn Leben bedroht wird ...

Die Meditation 🖼 kann für dritte oder vierte Klassen eingesetzt werden, um auf verschiedene Arten möglicher Bedrohungen des Lebens heute aufmerksam zu machen und im Anschluss ins Gespräch darüber und über entsprechende eigene Gedanken der Kinder zu kommen.

Zum Vorlesen und Meditieren

In jedem Moment wird irgendwo auf der Welt ein Baby geboren.
In jedem Moment beginnt ein neues Leben.
Ein winzig kleines Kind schreit zum ersten Mal,
wird in die Arme genommen und
meistens sehr, sehr lieb gehabt.

Seine Mutter ist da, versorgt es und beschützt es.
Vielleicht ist sein Vater da und kümmert sich liebevoll um sein Kind.
Vielleicht hat das Baby sogar Geschwister, die sich auf es freuen.
Vielleicht hat es ein schönes Zuhause,
in dem es vieles ausprobieren darf.

So kann ein Baby gut aufwachsen.
So spürt ein Baby: Ich bin ein geliebtes Kind.
So bekommt ein Baby Vertrauen, Hoffnung und Kraft zum Leben.

Aber – wächst jedes Baby so auf?
Hat jedes Baby eine Mutter, die sich um es kümmert?
Hat jedes Baby einen Vater, der da ist?
Weiß jedes Baby, dass es ein geliebtes Kind ist?

Manchmal ist das neue Leben von Anfang an bedroht.
Wovon kann es bedroht sein?

Vielleicht davon, dass Mutter oder Vater das Baby nicht lieben können.
Vielleicht davon, dass eine Krankheit im Baby steckt.
Vielleicht davon, dass die Familie kein Geld hat.
Vielleicht davon, dass Krieg im Land herrscht.

Wovon kann ein neues Leben bedroht sein?
Welche Gedanken hast du dazu?

 # Das Leben schützen

Soll angeregt werden, dass Kinder direkter darüber nachdanken, dass sie selbst Verantwortung tragen und einen Beitrag dazu leisten können, Leben im weitesten Sinne zu schützen, könnte der Lückentext **M4** eingesetzt werden. Die dadurch provozierten Gedanken werden anfangs stärker in Bahnen gelenkt und können leistungsstärkere Kinder dazu herausfordern, selbstständig weiterzudenken und bewusster wahrzunehmen, wie komplex das zu schützende Leben sich darstellt und wo trotzdem Verantwortung übernommen werden könnte.

Zum Abschluss könnte in Klassen, die schon ein gewisses Symbolverständnis erworben haben, das Lied „Wo ein Mensch Vertrauen schenkt" (Lied, S. 26) gesungen werden. Im Gespräch werden Deutungen der Bilder Regen, Tropfen, Wüste und Garten versucht

Lieder

Du bist da, wo Menschen leben

1. Du bist da, wo Men-schen le-ben,
2. Du bist da, wo Men-schen hof-fen,
3. Du bist da, wo Men-schen lie-ben.
4.-8. Hal-le-lu-ja, hal-le-lu-ja,

du bist da, wo Le-ben ist; du bist da, wo
du bist da, wo Hoff-nung ist; du bist da, wo
du bist da, wo Lie-be ist; Du bist da, wo
Hal-le-lu-ja, hal-le-lu-ja, hal-le-lu-ja,

Menschen le-ben, du bist da, wo Le-ben ist.
Menschen hof-fen, du bist da, wo Hoff-nung ist.
Menschen lie-ben, du bist da, wo Lie-be ist.
hal-le-lu-ja, hal-le-lu-ja, hal-le-lu-ja.

Text und Melodie: Detlev Jöcker, © MOD-Musikverlag, Münster

Wo ein Mensch Vertrauen gibt

Wo ein Mensch Ver-trau-ein gibt,

nicht nur an sich sel-ber denkt,

fällt ein Trop-fen von dem Re-gen,

der aus Wü-sten Gär-ten macht.

Text: Hans-Jürgen Netz, Melodie: Fritz Baltruweit,
aus: Oekumene, Mein Liederbuch 2, alle Rechte © tvd-Verlag, Düsseldorf

Moses Familie schützt das Leben

Die biblische Geschichte von Moses Geburt, dem Versuch, das Baby gegen den Befehl des Pharao zu verstecken und schließlich im Schilf zu verbergen, könnte aus der Perspektive des Bruders Aaron erzählt oder aus der Kinderbibel „Wie Feuer und Wind" vorgelesen werden. Die Geschichte könnte vor der Nil-Aussetzung unterbrochen werden, um die Kinder selbst überlegen zu lassen, welche Möglichkeiten es für Moses Familie gegeben haben könnte. Im Anschluss erhalten die Kinder die Aufgabe, ein Bild mit einem selbstgewählten Motiv passend zur Situation der Mose-Familie zu gestalten. Es kann auch angeregt werden, eine Bildergeschichte zu gestalten, die den Verlauf angemessen und spannend wiedergibt. Dafür wird ein Din-A4-Blatt zweimal geknickt, so dass vier kleine Seiten entstehen. Ebenfalls möglich ist der Einsatz des lückenhaft vorgezeichneten Arbeitsblattes (S. 23 und M5), auf dem die Kinder Fehlendes ergänzen können.

Zum Vorlesen oder Erzählen

Aaron erzählt:

Drei Monate haben wir Angst. Nur den engsten Freunden zeigen wir unseren Mose. Drei Monate lang sind Mirjam und ich auf der Hut, dass Mose leise ist, wenn die Soldaten wieder kommen. Im dritten Monat aber hat uns jemand verraten. Vater kommt heim, bleich im Gesicht. Soldaten, ruft er. Sie wissen von Mose!

Schweigend holt Mutter ein Körbchen hervor. Sie hat es kürzlich geflochten. Sie hat sogar einen Deckel gemacht und alles abgedichtet gegen Wasser und Sonne. Mit flüssigem Pech hat sie die Flechten verklebt. Ich ahnte, dass es so kommt, sagt Mutter und legt, in eine Decke gehüllt, unseren Mose in ihren Korb.

Aaron, Mirjam, rasch!, ruft sie uns zu. Bringt Mose zum Nil und verbergt das Körbchen im Wasser. Ich weiß, ihr habt ein geheimes Versteck. Von dort sollt ihr wachen. Wenn die Gefahr überstanden ist, will ich nach euch rufen. Das Leben des Bruders liegt in eurer Hand. Behüte euch Gott, meine Kinder!

Wir haben getan, was Mutter uns sagte. Wir sitzen in unserem Versteck und sehen das Körbchen im Wasser tanzen. Aber Mutter ruft nicht nach uns. Wir warten von Morgen bis Mittag. Aaron, lauf nach Hause, sagt Mirjam. Sieh, wie es steht. Ich wache so lange allein. Das Körbchen schaukelt. Mose weint.

Zu Hause sind noch immer Soldaten. Ich höre: Sie warten auf ... *mich*. Da bist du, Aaron!, ruft Vater erleichtert. Stell dir vor: Sie glauben, du hättest bei dir ein neugeborenes Kind. – Vater, ich habe dem Onkel geholfen, sein Dach neu zu decken, lüge ich rasch. Du hattest es mir ja befohlen.

Mose – aus dem Wasser gezogen und in guten Händen

Die Szene, in der Mose von der Tochter des Pharao gefunden, gerettet und schließlich aufgenommen wird, kann frei erzählt oder aus der Kinderbibel „Wie Feuer und Wind" vorgelesen werden . Diese Szene könnte mit jüngeren Kindern nachgespielt werden, wobei als Requisite lediglich ein Bastkörbchen benutzt werden sollte, um dieses als Symbol der Rettung in den Erinnerungen der Kinder verankern zu helfen. Ältere Kinder könnten angeregt werden, ihre Bilder bzw. Bildergeschichten zu ergänzen oder das entsprechende Arbeitsblatt **M5** weiter zu gestalten. Nach dem Vorstellen der Ergebnisse am Ende der Stunde kann der 2. Teil des Mose-Liedes gesungen werden. **(M2)**

Zum Vorlesen oder Erzählen

Aaron erzählt weiter:

Welch ein Schrecken, als ich zurück zu Mirjam
komme! Mädchen und Frauen lagern am Ufer,
Ägypterinnen, reich und schön. In ihrer Mitte,
die Schönste – sie ist bestimmt eine Prinzessin!
Vor sich hat sie den Weidenkorb liegen, geöffnet
und leer. In ihren Armen liegt ... *Mose!*

Mirjam hält mir den Mund zu, bevor ich schreie.
Die Tochter des Pharao, flüstert Mirjam mir zu, sie
fand den Korb und das Kind. Aaron, sie hat sich darüber
gefreut! Sie will Mose retten, sie will ihn behalten.
Denk doch, Aaron: Bei ihr ist er sicher. Kind Israels
in Pharaos Haus. Ich glaube: Es ist Gottes Wille.

„Ich brauche eine Amme!", ruft da die Prinzessin.
„Der kleine Junge muss ja trinken." Und Mirjam
tritt vor, verneigt sich vor der fremden Frau.
„Prinzessin", sagt sie, „wenn Ihr nichts dagegen habt:
Ich bringe ihn zu meiner Mutter – sie hat Milch.
Denn sie hat gerade erst ein Kind ... verloren.

Segenswünsche für ein neues Leben

Wenn ein Baby geboren ist, freuen sich meistens Verwandte und
Freunde. Sie gratulieren den Eltern und wünschen ihnen und
dem Kind alles Gute und Gottes Segen.

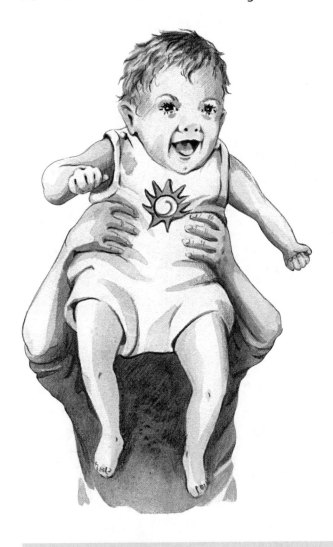

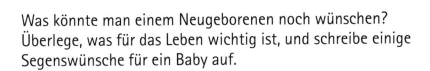

Was könnte man einem Neugeborenen noch wünschen?
Überlege, was für das Leben wichtig ist, und schreibe einige
Segenswünsche für ein Baby auf.

M4a

Das Leben schützen

Alles Lebendige kommt von Gott.
Alles Lebendige
ist kunstvoll erschaffen und wertvoll.

Alles Lebendige?
Jede Fliege, jede Mücke, jede Spinne?

Alles Lebendige!
Gott hat unsre Erde schön gemacht.

Zu den Menschen hat er gesagt:
Ihr seid gesegnet.
Bewohnt die Erde und beschützt sie.

Das ist gar nicht so einfach!

Die Erde und alles Lebendige
zu schützen, kann schwierig sein!

Das Leben schützen

M4b

Mache Vorschläge, wie man das Leben schützen kann: Ergänze
die Sätze. Am Ende kannst du weitere Ideen aufschreiben.

Es kann bedeuten,
Menschen zu schützen,
freundlich mit ihnen umzugehen,
abzugeben,

_____

_____

_____

Es kann bedeuten,
Tiere zu schützen,
sie zu pflegen,

_____

_____

_____

Es kann bedeuten,
die Natur zu schützen,
Pflanzen großzuziehen,

_____

_____

_____

Vielleicht hast du noch ganz andere Ideen, wie man das Leben
schützen kann. Schreibe sie auf.

Es kann bedeuten,

_____

_____

Moses Familie schützt das Leben

Der kleine Mose kann nicht mehr unentdeckt zu Hause leben. Was soll die Familie tun? Kann sie Moses Leben schützen?

Die Mutter hat eine Idee, worin man Mose auf dem Nil verstecken könnte. Ergänze auf dem Bild das, worin Mose versteckt wird.

Mose – aus dem Wasser gezogen und in guten Händen

Hier siehst du Moses Familie in ihrem kleinen Haus.
Gerade ist Mirjam vom Nil zurückgekehrt.
Im Auftrag der Prinzessin hat sie Mose mitgebracht.
Die Mutter trägt ihn glücklich durch den Raum.

Ergänze die fehlenden Personen.
Was denken oder sprechen sie miteinander?
Fülle die Gedankenblasen aus.

3 | Sich für das Recht einsetzen – wenn man mit unrechten Mitteln Recht schaffen will

Jeden Tag auf dem Pausenhof ist es zu erleben: kleine oder große Rangeleien, mit Wortgefechten beginnt es und endet in Handgreiflichkeiten. Häufig sind es die vermeintlich besten Freunde, die zunächst mit *Rat* zur Seite stehen, sich schließlich aber mit der *Hand* in Auseinandersetzungen einmischen. „Aber ich wollte ihm doch nur helfen, denn die Großen haben ihn geärgert!" – so und ähnlich ist es immer aus dem Kindermund zu hören.

Auch verbindliche Schulhofregeln verhindern nicht, dass Emotionen eher unkontrolliert ausgelebt und statt mit dem Mund mit der Hand gelöst werden. Durch keine Regel und durch kein Gesetz werden wir Menschen davor bewahren, in Streit zu geraten. Durch Offenheit und die Schulung der Wahrnehmung können wir aber im Rahmen des Unterrichts dazu beitragen, dass Kinder lernen, genauer zu spüren, wo Unrecht geschieht, wo Macht in unangemessener Weise ausgeübt und Leid verursacht wird. Gleichzeitig können wir es als unsere Aufgabe verstehen, die Wut und den Ärger zu thematisieren, so dass nicht nur vermeintliche Täter, sondern alle Kinder sich selbst und ihre Empfindungen besser spüren lernen. Außerdem können wir Kindern die Möglichkeit geben, Schuldgefühle auszusprechen, die sie evtl. mit sich herumtragen. Auch im Rahmen der Mose-Geschichte kann thematisiert werden: Mose leidet mit unter der Situation der Israeliten. Er wird wütend und greift ein, als er Unrecht wahrnimmt, bricht dabei aber selbst die Regeln.

Unrecht entdecken

Unrecht hat jedes Kind erlebt, so dass bei einem entsprechenden Wortkarten-Impuls „Ich fand es ungerecht, als ..." in einem Sitzkreis vielfältige Schüleräußerungen zu erwarten sind. Im Religionsunterricht kann es darum gehen, in Ansätzen selbsterlebte Unrechtserfahrungen zu benennen und von anderen zu hören, um sich eigener Erfahrungen bewusster und anderen gegenüber sensibler zu werden.

Gleichzeitig gilt es, ein Bewusstsein für ungerechte Verhältnisse im größeren Rahmen, möglicherweise außerhalb des eigenen Erfahrungsraumes anzubahnen und die Wahrnehmung der äußeren Welt zu schärfen. Deshalb könnte eine Phantasiereise in ein fiktives „Land der Ungerechtigkeiten" das Thema Unrecht so drastisch und komprimiert darstellen, dass es für die Kinder an Deutlichkeit gewinnt. Im Anschluss an die Phantasiereise könnten die Kinder aufgefordert werden, über Eindrücke durch die Phantasiereise und weitere Einfälle zu sprechen oder entsprechende Gedanken und innere Bilder aufzuschreiben bzw. auf einem Bild zu zeichnen. (M7)

Zum Vorlesen und Miterleben

Heute will ich dich mitnehmen in ein Land, aus dem du wahrscheinlich gern wieder herauskommen wirst. Es ist ein Land, das wir uns nur kurz ansehen werden. Wenn du in Gedanken mitgehen möchtest, setz dich bequem hin und schließe die Augen.

In Gedanken verlassen wir den Klassenraum, gehen durch den Schulflur und treffen uns auf dem Schulhof. Dort wartet schon ein kunterbunter Heißluftballon auf uns. Nacheinander steigen wir in den Korb. Für jeden von uns ist ein Platz reserviert.

Du setzt dich und schaust, was du draußen sehen kannst. Ehe du dich versiehst, startet der Ballon – und ab geht es in die Luft! Gemächlich schwebt der Ballon über das Schuldach, über Bäume, über die Dächer der Stadt und weiter, immer weiter. Von oben kannst du die Natur beobachten, manchmal siehst du Menschen, manchmal auch Autos – und eine Eisenbahn. So könnte die Fahrt immer weiter gehen. Du schaust hinaus und kannst dich gar nicht satt sehen.

Irgendwann, eine ganze Weile später, entdeckst du in der Ferne ein Stück Land, das von oben ganz schwarz aussieht. „Was ist das?", fragst du laut. Der Kapitän des Ballons antwortet dir sofort: „Dort beginnt das Land der Ungerechtigkeiten!" „Das – was?", fragt jemand verwirrt zurück. Der Kapitän gibt bereitwillig Auskunft: „Ja, das Land der Ungerechtigkeiten. Das Land, in dem so viel Unrecht passiert ist, dass man es auf den ersten Blick sehen kann." „A-ha!?", meint jemand zögerlich.

„Woran sieht man denn das Unrecht?", fragt er weiter. „Wart's nur ab!", entgegnet der Kapitän und wendet den Blick nach vorn. Inzwischen fliegt der Ballon mitten über die schwarze Erde. Es riecht hier ziemlich verbrannt. „Hier standen mal zwei schöne Häuser. Aber die beiden Besitzer konnten sich nicht ausstehen und haben sich so sehr gestritten, dass sie sich am Ende die Häuser gegenseitig angezündet haben. Nun ist nur noch schwarze Erde übrig geblieben." „Und was ist mit den Besitzern?", fragt ein Mädchen. „Ja, die sind ein Stückchen weiter zu den Nachbarn gegangen und haben deren Häuser eingenommen."

„Was haben die?", fragt jemand und schüttelt mit dem Kopf. „Die haben andere Nachbarn vertrieben, damit sie wieder ein schönes Haus haben. So ist das im Land der Ungerechtigkeiten. Wer nicht aufpasst, zieht den Kürzeren."

Inzwischen schwebt der Ballon über einer Stadt. Von oben kannst du in die Straßen sehen. Hui! Da rasen die Autos kreuz und quer. Ach, du Schreck! Gerade hat ein Auto eine alte Frau überfahren. Da kracht es schon wieder und zwei Autos sind ineinander gefahren. Das ist ja fürchterlich! „Hilfe! Hilfe!", hörst du jemanden rufen. Da, ja da unten halten gerade zwei Männer einer Frau die Augen zu und die Arme fest. Ein dritter Mann nimmt der Frau ihr Geld und ihren Schmuck ab. Schließlich lassen die Männer die Frau los und laufen schnell weg.

Weiter seitlich sitzt ein Junge an einem Baum und weint bitterlich. Was wohl geschehen ist? In der Nähe ist ein Schulhof. Viele Kinder bewegen sich dort gerade in der Pause. Aber so weit du es erkennen kannst, sehen die Kinder nicht gerade vergnügt aus. Zwei große Jungen verprügeln gerade ein kleines Mädchen. Ein Lehrer steht daneben und lacht. Ein Mädchen reißt einem anderen den Ball aus der Hand und läuft damit weg. Da, es holt ein Messer aus der Tasche und schlitzt den Ball auf. Dann schleudert sie ihn dem anderen Mädchen direkt ins Gesicht, so dass dieses taumelt und hinfällt.

Ein Lehrer kommt näher und schreit das Mädchen, das nun im Sand liegt, fürchterlich an. Andere Kinder zeigen mit dem Finger auf das Mädchen und lachen. Was ist dort bloß los? „Na, reicht euch der kleine Einblick in das Land der Ungerechtigkeiten?", fragt der Kapitän. Ein Mädchen sagt: „Ja, ich will nach Hause!" „Hoffentlich ist bei uns noch alles beim Alten!", meint jemand leise. Zum Glück steuert der Kapitän wieder in Richtung deiner Stadt. Die schwarze Erde liegt längst hinter dem Ballon.

Nach vorn wird es grüner und schöner. Kurze Zeit später siehst du wieder die bekannten Dächer deiner Stadt. „Juhu, die Schule!", ruft jemand. Langsam und sicher nähert sich der Ballon dem Schuldach, steigt ab und landet ruhig auf dem Schulhof. Nachdem der Kapitän sich verabschiedet hat, öffnet er die Tür, so dass jeder aussteigen kann. Schnell läufst du zurück durch den Schulflur in deine Klasse und setzt dich an deinen Tisch. Du reckst und streckst dich, ballst einmal deine Fäuste, öffnest sie wieder und öffnest schließlich die Augen. Herzlich willkommen zurück im Klassenraum!

 ## Das muss anders werden!

Um Perspektiven für Veränderungen aufzuzeigen und deutlich zu machen, dass teilweise Menschen Umstände verändern können, könnte mit den Kindern überlegt werden, welche als ungerecht empfundenen Zustände verändert werden könnten und sollten. Dabei könnte auch die Frage berührt werden, inwiefern die Kinder selbst einen Beitrag leisten könnten und wo Grenzen der Beeinflussbarkeit wahrgenommen werden.

Es ist möglich, in diesem Zusammenhang die religiöse Dimension deutlich zu machen: Wir können uns mit unseren Wünschen und Hoffnungen, aber auch mit der Klage des Leides an Gott wenden und ihn um Hilfe bitten. Wenn es zum Verlauf des Unterrichts und zur Entwicklung der Lerngruppe passt, könnte folgende Gebets-Phase eingeführt werden: Ein Kind benennt einen Zustand, von dem es sich Veränderungen wünscht, und legt einen großen Stein als Zeichen für die Schwere des Zustands auf ein vorbereitetes Tuch in der Mitte.

Im Anschluss wird gemeinsam als Gebetsruf gesungen: „Mein Gott, das muss anders werden, ...". Wird eine entsprechende Gebetsphase als Ritual für mehrere Stunden eingeführt, so könnten jeweils mehrere Kinder nacheinander sprechen, bevor der Gebetsruf gesungen wird, so dass der zeitliche Umfang begrenzt wird. Durch die Vorgabe einiger weniger Steine kann ebenfalls eine Reduktion erzielt werden.

Recht schaffen – aber wie???

Im Laufe der Einheit könnte den Kindern bewusster werden, dass es sowohl Situationen gibt, in denen sie selbst einen aktiven Beitrag zur Entwicklung von Gerechtigkeit leisten können, als auch Situationen, in denen es für den Einzelnen eher schwierig ist, einen konstruktiven Prozess in Gang zu bringen.

Um jedem Kind deutlich zu machen: „Auch du kannst etwas tun!" und einen Weg der aktiven Mitgestaltung anzubieten, könnte eine Unterrichtssequenz dafür genutzt werden, Situationen aus dem Erfahrungsbereich der Kinder zu thematisieren:

In einem Unterrichtsgespräch könnten gemeinsam entsprechende Situationen gesammelt werden: In einer Arbeitsphase erarbeiten Kinder in Partner- oder Gruppenarbeit Lösungsmöglichkeiten für die vorgestellten Konfliktsituationen und stellen sie jeweils in Form eines kurzen szenischen Spieles vor. Das Lied „Mein Gott, das muss anders werden" könnte zwischen den Vorstellungen der einzelnen Gruppen und am Ende der Stunde gesungen werden.

Zum Singen zwischen den Spielszenen

Mein Gott, das muss anders werden

T+M: Christof Lehmann, aus: „Fünf Brote und zwei Fische", 1977, alle Rechte © tvd-Verlag Düsseldorf

Mose sieht Unrecht und versucht, Recht zu schaffen

Um die Sequenz der Mose-Geschichte einzuführen, in der Mose einen Ägypter erschlägt, könnte wiederum aus der Kinderbibel vorgelesen werden. Aaron wird hier als der kommentierende Begleiter des Mose dargestellt und bietet sich als Identifikationsfigur für die Kinder an. Der Konflikt, der entsteht, weil Mose durch das Töten eines Ägypters Recht schaffen will, wird in der Frage des Aaron: „Und Gott? Glaubst du, Gott würde das Töten gefallen?" verdichtet und könnte direkt für ein Gespräch im Unterricht aufgegriffen werden.

Hier bietet sich die Methode des Doppelns mit einem Hilfs-Ich an: Für Mose wird ein Stuhl in die Mitte des Sitzkreises gestellt. Ein Mose-Darsteller, der lediglich die Aufgabe hat, sich als still Sitzender zur Verfügung zu stellen, wird ausgewählt und setzt sich in die Mitte. Die übrigen Kinder sind nun eingeladen, hinter den Darsteller zu treten und Gedanken, die Mose haben könnte, laut auszusprechen. Als Lehrer haben Sie dabei die Aufgabe, ggf. auch selbst für Mose zu sprechen, um Schüleräußerungen anzuregen.

Zum Vorlesen und Erzählen

Aaron, komm! – Mirjam ruft mich. Sie winkt mich in unser Versteck. Was, Mirjam?
Wer ist da? Ein Ägypter, mit dem Stab eines Prinzen ...? Es ist Mose, sagt Mirjam. –
Er sieht aus wie ein echter Ägypter, rufe ich. – Ihr alle solltet Ägypter werden, sagt Mose.
Dann hättet ihr Frieden und Pharao hätte euch gern.

Mose, sage ich, wir sind Israels Kinder. Zwischen Gott und Israel ist ein Band.
Abraham hatte Gottes Wort: In Kanaan sollen wir leben. Nicht hier. –
Wie könnten wir Ägypter werden? Die Ägypter quälen und schlagen uns und töten
unsere Kinder. In Kanaan wartet Gott, der das Leben liebt, nicht den Tod.

Mose sieht mich an. Er verändert sich. Auf einmal ist Feuer in seinen Augen, so rot wie Blut.
Mirjam lächelt. Aaron zaubert mit Worten, nicht wahr? Er tut es im Namen von
Israels Gott. – Mose ist zornig. Sind die Ägypter wirklich so schlecht? fragt er.
Wir sind ihreSklaven, sagt Mirjam. Ihre Gefangenen, sage ich.

Von da an ist Mose an meiner Seite. Er lernt Israels Kinder kennen. Allen verrate ich,
wer er ist. Israels Kind in Pharaos Haus! Das ist Gottes Wille, flüstern sie.
Und ihre Augen sind hell. Pharao hört auf dich, sagen sie Mose.
Willst du nicht bei ihm für uns sprechen? Nein, sagt Mose. Pharao hört mich nicht.

Wir kommen dorthin, wo die Ziegel gemacht werden. Aufseher mit Peitschen gehen umher.
Israels Kinder arbeiten in Sonne und Staub. Ohne Wasser und Pausen.
Sieh, da ist Vater, sage ich Mose. Ich sehe, sagt Mose. In seinen Augen ist wieder das Feuer,
wie Blut. Herren und Sklaven. Wie wäre das jemals ... recht?

Mose – und nun?

Zur vertieften Beschäftigung mit Moses Konflikt können auf dem Arbeitsblatt (Deckblatt, S. 34) in Einzelarbeit seine Gedanken und Ideen zur Lösung des Konflikts formuliert werden. Bevor die Kinder sich an die Arbeit machen, könnte in der Mitte eines Sitzkreises durch folgende Requisiten Moses Konflikt bebildert werden und zum Nachdenken anregen:

Eine Mose-Figur (Papp-Figur oder, falls vorhanden, Egli-Figur) wird auf ein braunes Tuch gelegt/gestellt. Auf die eine Seite daneben werden Steine als Symbole für die harte Arbeit der Israeliten gelegt. Auf die andere Seite werden Gegenstände gelegt, die das Leben am Hof des Pharao und auf der Seite der Ägypter symbolisieren können, z.B. ein goldenes Tuch, eine Abbildung aus einem Ägypten-Buch, eine Pharao-Figur auf Pappe.

Diese Mitte könnte zunächst als stummer Impuls gestaltet werden, so dass die Kinder wiederholend Moses Situation erklären und dabei darauf eingehen, inwiefern Mose gewissermaßen „zwischen den Stühlen sitzt".
    Als verstärkender Impuls könnte – bei Bedarf – in einer vierten Klasse diese Redensart in einer Frage verwendet werden:

☺ Mose hat vieles erlebt in Ägypten. Hier siehst du ihn zwischen Steinen auf der einen und Gold auf der anderen Seite. Fast könnte man meinen, er fühle sich wie zwischen den Stühlen. Zwischen den Stühlen, obwohl keine da sind. Kannst du das erklären?

Nach einem wiederholenden Gespräch könnte das oben erwähnte Arbeitsblatt (Deckblatt, s. 34) verwendet werden; dazu bedarf es folgenden Impulses:

☺ Voller Wut hat Mose einen Ägypter erschlagen. Nun steht er da – wie zwischen den Stühlen: Die Israeliten tun ihm leid und er möchte ihnen helfen. Und doch ist er am Hof des Pharao großgezogen worden, hat ägyptische Freunde und liebt das Land. Und nun? Er hat einen Ägypter erschlagen! Viele Gedanken gehen ihm durch den Kopf. Was soll er tun?

Als Wiederholung und Zusammenfassung kann der 3. Teil des Mose-Liedes (M2) gesungen werden.

Im Land der Ungerechtigkeiten

Im Land der Ungerechtigkeiten ist es kaum zu ertragen: Wohin man auch sieht, es geschieht Unrecht.

Betrachte das Bild und benenne die Ungerechtigkeiten, die hier geschehen.

Im Land der Ungerechtigkeiten

M 7b

Hast du weitere Ideen für das Land der Ungerechtigkeiten?
Male noch andere Situationen, in denen Unrecht geschieht.

4 | Mutig eine Aufgabe annehmen –
wenn Gott sich zeigt

Mitten in seinem Alltag spürt Mose und sieht es sogar vor seinen Augen: Gott begegnet mir und spricht mit mir. Mose lässt sich begeistern und wird – sprichwörtlich ausgedrückt – Feuer und Flamme für seine neue Aufgabe. Er, der einen Ägypter erschlug und geflohen war, ist von Gott auserwählt worden, um die Israeliten in die Freiheit zu führen. Er, der sich nicht in der Lage sieht, frei zu sprechen, soll trotz dieser offensichtlich fehlenden Begabung die wesentliche Führungsrolle einnehmen. Von Anfang an ist zweierlei deutlich: Gott begleitet ihn, er sagt ihm sogar Worte vor, und Moses Bruder Aaron wird zur Unterstützung eine wichtige Rolle einnehmen. So kann Mose in dem Vertrauen, nicht allein vor einer zu großen Aufgabe zu stehen, getrost die ersten Schritte gehen und sich zutrauen, dem mächtigen Pharao gegenüber zu treten.

Im Unterricht wird es nicht darum gehen, über große Lebensaufgaben nachzudenken oder gar vermeintliche Berufungen zu thematisieren. Diese Sequenz der Mose-Geschichte lädt vielmehr dazu ein, sowohl über die Frage nach Gott ins Gespräch zu kommen als auch über Gaben und Aufgaben nachzudenken sowie über den Mut bzw. die Angst, die damit verbunden sind, Gaben zu nutzen und Aufgaben zu übernehmen. Dabei kann auch die Zusage Gottes: „Ich bin da" in den Mittelpunkt gerückt und so zu einem Zuspruch für die Kinder werden. Sich angesprochen zu fühlen, sich etwas zutrauen und sich begleitet zu wissen, diese Aspekte können im Unterricht eine Rolle spielen.

 ## Vor einer großen Aufgabe stehen

Wie fühlt man sich, wenn man vor einer großen Aufgabe, einer neuen Herausforderung steht? Schon Kinder im Grundschulalter machen in ihrem Leben immer wieder entsprechende Erfahrungen mit Herausforderungen. Der Wechsel vom Kindergarten in die Schule, eine Klassenfahrt, Tests und Klassenarbeiten können als besondere Herausforderungen im Rahmen des Schulalltags verstanden werden. Gefühle zwischen Angst auf der einen und Mut und Selbst-

vertrauen auf der anderen Seite können dabei freigesetzt werden. Um diese bewusster zu machen und ihnen zur Sprache zu verhelfen, könnte der meditative Text 🖼 vorgelesen werden. Im Anschluss kann ein Gespräch über verschiedene Schülererfahrungen stattfinden oder es kann dazu angeregt werden, eigene Erfahrungen und Gefühle schriftlich auf dem Arbeitsblatt **M8** zu formulieren.

 ### Zum Vorlesen und Bedenken

Kennst du das auch: Manchmal bekommt man wackelige Knie, weil man eine schwierige Aufgabe bekommen hat.

Manchmal bekommt man die Aufgabe, etwas zu tun, das man noch nie vorher ausprobiert hat. Man muss etwas ganz Neues tun.

Das kann sehr schön und spannend sein. Das kann aber auch sehr aufregend sein und sogar Angst machen.

Das Herz klopft einem bis zum Hals. Am liebsten würde man zu Hause im Bett bleiben. Man hat tausend Fragen. Man fühlt sich ganz allein. Es scheint so, als ob niemand helfen kann.

Kennst du das auch?

Ich jedenfalls kenne das!
Immer, wenn ich etwas Neues ausprobiere,
freue ich mich und habe ich Angst.
Mal freue ich mich mehr und mal hab ich mehr Angst.

Ich erinnere mich auch gern daran, wie das war,
als ich eine neue Aufgabe bekommen habe.
Ich erinnere mich gern daran, dass ich die Angst überwunden habe.
Und ich erinnere mich daran, was mir geholfen hat aus der Angst.

Wie ist das bei dir?
Wann musstest du eine neue Aufgabe bewältigen?
Wovor hattest du Angst?
Hat dir etwas in deiner Angst geholfen?

Sich einer Aufgabe nicht gewachsen fühlen

Gerade im Schulalltag leiden einige Kinder regelmäßig unter dem Druck, bestimmte Leistungen erbringen zu müssen. Das Gefühl, einer Aufgabe nicht gewachsen zu sein, kennen manche Kinder aus vielen Situationen, andere aus eher wenigen. Es gehören Mut, Offenheit und die Fähigkeit sich selbst bewusst wahrzunehmen dazu, über entsprechende Gefühle zu reden. Der Religionsunterricht bietet die Möglichkeit, auch über Gefühle der Schwäche und des Druckes von außen zu sprechen, und könnte so dazu beitragen, diese an sich und anderen zu akzeptieren und damit umgehen zu lernen. Um ins Gespräch darüber zu kommen, könnte das Bild **M9** als Impuls eingesetzt werden.

Mögliche Aufgaben (für Vierergruppen um ein Bild)

☺ Betrachtet das Bild: Eines von euch nimmt das Bild in die Hand und „ist" das Kind auf dem Bild. Die anderen versuchen, a) mit Fragen herauszubekommen, wovor das Kind Bedenken hat, sich fürchtet o.Ä., b) ihm Trost und Mut zu machen für das, was es so sehr bedrückt. Behaltet die Rollen so lange bei, bis ihr mit dem Ergebnis zufrieden seid. Plant dann, eure Szene der Klasse vorzuspielen.

☺ Betrachtet das Bild. Ein großes Blatt wandert im Kreis. Darauf schreibt abwechselnd jedes von euch ein Stichwort oder einen kurzen Satz zu dem Bild. Wenn euch nichts mehr einfällt, betrachtet das Ergebnis. Besprecht die Eintragungen und plant, was ihr der Klasse darüber erzählen wollt.

Gott zeigt sich

Die Frage nach Gott beschäftigt Kinder immer wieder. Entwicklungspsychologisch begründbar ist ihre Vorstellung von einem Gott, der personenhaft über den Wolken sitzt und in die Geschichte eingreift, wenn der Mensch ihn durch das Gebet oder auch durch bestimmte Taten zur Handlung herausfordert: Wenn ich bete, hilft mir Gott. Weil ich gelogen habe, hat Gott mich nicht mehr lieb. Ein einfaches Kausalverhältnis zwischen dem Tun des Menschen und dem Tun Gottes wird hergestellt.

Dass Gott sich hingegen in vielerlei Weise zeigen kann, sich dem Menschen aber nicht verfügbar macht, wird erst im Laufe des Heranwachsens nachvollzogen. Der Religionsunterricht kann dazu beitragen, ein vielfältiges Gottesbild zu entwickeln, das bis zum Erwachsenenalter mitwachsen und durch immer neue Aspekte erweitert werden kann. Kinder interessieren sich für Erfahrungen mit Gott und Einstellungen Erwachsener zum Glauben, was sich häufig an sehr direkten Fragen zeigt. Die kurzen Bekenntnisse verschiedener Erwachsener auf der Kopiervorlage **M10** könnten dazu dienen, ins Gespräch zu kommen und die Kinder anzuregen, eigene Interviews mit Erwachsenen zur Frage nach Gott zu führen.

 ## Gott ist da für dich

Als Christen glauben wir, dass Gott für uns da ist in den Höhen und Tiefen des Lebens. So wie Mose in der Geschichte vom brennenden Dornbusch Zusagen für die Begleitung Gottes bei seiner schweren Aufgabe erhält, vertrauen wir darauf, dass Gott uns auf unseren Wegen durch den Alltag begleitet. Diese Zusagen: „Gott ist da für dich" kann auch Kindern Mut für ihren Alltag machen.

Im Unterricht könnte als Einstieg das Lied „Ich möcht, dass einer mit mir geht" gesungen werden. Daran anschließend könnte überlegt werden, wen die Kinder für „jemand" gern einsetzen und inwiefern sie sich Begleitung dieses „jemand" wünschen würden.

Abschließend könnte durch den Impuls: „Gibt es Momente in deinem Leben, in denen niemand bei dir ist?" problematisiert werden, dass Menschen einander nicht ununterbrochen direkt begleiten können. Als Angebot könnte formuliert werden, dass das bei Gott anders ist: Christen (und Juden!) glauben: Gott ist immer da. Man kann sich jederzeit an ihn wenden. Der Refrain des Liedes „Vergiss es nie" (s. **M12**) könnte als Impuls für eine entsprechende Phase dienen, gemeinsam gesungen werden und die Sequenz beenden.

Im Anschluss an die Erzählung vom brennenden Dornbusch könnte der Aspekt „Gott ist da für dich" wieder aufgegriffen werden. Gemeinsam könnte die Frage bedacht werden: „Wann ist Gott für den Menschen da?" Auf Papier-Streifen könnten die Kinder einzeln oder in Partnerarbeit den vorgegebenen Satz „Gott ist da für dich, wenn ..." ergänzen. Am Ende könnten alle Streifen in einem Sitzkreis in die Mitte zu den Mose-Flammen (s.u.) gelegt werden. In einem Abschlussritual dürfen sich einige Kinder einen Satz aussuchen und ihn laut vorlesen. Nach jedem Satz könnte der Refrain „Vergiss es nie" gesungen werden.

 ### Zum Vorlesen oder Erzählen

Als Mose bei den Schafen wacht,
am Fuße eines Berges,
die Sonne brennt, es ist sehr heiß,
da reibt er sich die Augen.

Denn vor sich sieht er einen dürren
Busch, der brennt. Jedoch die
Flammen fressen ihn nicht auf.
Er bleibt und er ist, der er ist.

Mose tritt neugierig näher heran.
Dann zaudert er. Es könnte
ja sein, denkt er, dass dieser Ort
hier ... *heilig* wär.

Ich höre meine Kinder weinen,
sagt die Stimme, *und sehe, dass*
sie leiden. Das will ich nicht.
Sie sollen nicht verloren sein.

Und darum Mose: Auf! Nimm
meinen Stab. Sag Pharao: Lass
meine Kinder gehen! Ach Gott,
sagt Mose, sehr erschrocken.

Tu's lieber selbst. Das kann ich nicht.
Denn schließlich: Keiner hört
auf mich! – *Er muss dich hören,*
beharrt Gott. *Du hast ja meinen Stab.*

Er zieht die Schuhe von den Füßen und wartet, bis er eine Stimme hört: *Abraham, Isaak und Jakob – sie alle trugen mein Band ...*

So spricht die Stimme aus dem Busch. *Wo ist es jetzt? Kannst du es sagen?* Da flüstert Mose leis: *Wer weiß es, wenn nicht du?*

Den alten Hirtenstab?, fragt Mose. Wie alt auch immer, sagt die Stimme. Hab keine Angst, dir fällt was ein. Und schließlich: Du bist nicht allein.

Du hast an deiner Seite Mirjam und Aaron, deinen Bruder. Mein Wort und meinen Namen, die rechte Sache und den ... Stab.

Mögliche Aufgaben

☺ „Gott ist da für dich, wenn ..." – Lies noch einmal, was ihr aufgeschrieben habt. Forme einen oder mehrere eurer Sätze zu einem Segen um: „Möge Gott für dich da sein, wenn ..." Du kannst damit eine Karte gestalten – zum Verschenken oder Verschicken.

☺ „Gott ist da für dich, wenn ..." – Lies noch einmal, was ihr aufgeschrieben habt. Forme einen oder mehrere eurer Sätze zu einem Gebet um: „Gott, sei für Oma (Mama, mich o.Ä.) da, wenn ..." Schreibe dein Gedicht in Schönschrift auf und gestalte es als Wunschzettel.

Mose bekommt einen Auftrag

Die Szene von Mose am brennenden Dornbusch ist in vielfältiger Weise im Bereich der Kunst aufgenommen worden. Entsprechende Bilder, z.B. von Marc Chagall oder Sieger Köder, könnten als Grundlage für eine Erzählung dienen oder im Anschluss an eine Erzählung gemeinsam betrachtet werden. Zur Erzählung (s.o.: Zum Vorlesen oder Erzählen) könnte am Anfang ein grünes Tuch in der Mitte liegen, auf dem einige Zweige einen Strauch andeuten. Daneben könnten einige Schaf-Figuren oder Wattebäusche liegen, die auf Moses Tätigkeit hinweisen. Ein verkleinerter Hirtenstab in Form eines Astes könnte daneben gelegt werden und von hier an bis zum Ende zum Symbol für die Begleitung Gottes werden. Parallel zur Erzählung könnten Feuerflammen aus Pappe (rot, orange und gelb) in die Mitte gelegt werden.

Nach dem Ende der Erzählung könnten Gedanken und Gefühle des Mose durch ein Doppel von den Kindern formuliert werden. Danach könnte gemeinsam überlegt werden, welche Aufgaben und Zusagen (orientiert am Luther-Text, vgl. **M11**) Gott dem Mose gegeben hat, so dass er mutig nach vorn schauen kann. Diese könnten auf die einzelnen Feuerflammen geschrieben werden.

Für eine abschließende Stillarbeitsphase könnte das Deckblatt (S. 42) eingesetzt werden. Darauf kann die Zeichnung durch aufzuklebende Flammen ergänzt und mit den Zusagen Gottes bereichert werden.

☺ Am brennenden Dornbusch spricht Gott mit Mose. Mose bekommt eine Aufgabe. Und er bekommt Zusagen für seinen Weg, die ihm Mut machen können. Nimm **M11** zur Hilfe und kennzeichne Aufgabe und Versprechen.

☺ Schreibe die Aufgabe und verschiedene Zusagen Gottes in Feuerflammen. Klebe die Feuerflammen vor Mose auf das Papier (S. 42).

Der 4. Teil des Mose-Liedes (**M2**) greift wichtige Motive dieser Sequenz auf und kann zur Vertiefung gesungen werden. Das Lied „Vergiss es nie" fasst die Szene vom brennenden Dornbusch zusammen (neuer Text: **M12**, zu singen auf die bekannte Melodie des Taufliedes von Jürgen Werth) und überträgt gleichzeitig die Zusage Gottes auf die Kinder. Es könnte als Weiterführung in einer Folgestunde eingesetzt und ggf. als Anregung für ein übertragendes Gespräch genutzt werden.

Als ich vor einer großen Aufgabe stand

M8

Wie war das, als du einmal vor einer großen Aufgabe standest?
– Überlege und schreibe auf, was das für eine Aufgabe war.
Beschreibe, was du dabei erlebt hast.

Hilfe, das kann ich nicht!

So hat sich Gott mir in meinem Leben gezeigt

M10a

Hier erzählen verschiedene Menschen, was sie mit Gott erlebt haben. Lest die Texte gemeinsam. Verteilt die Texte: 1 Erna, 2 Hans, 3 Thea, 4 Lars. Jedes Kind zeichnet zu seiner Person ein Bild. Auf dem Bild soll sichtbar werden, wie diese Person sich fühlt, was sie erlebt hat und/oder was sie von Gott hält.

Erna, 94 Jahre
Ich bin nun schon sehr alt geworden, 94 Jahre. Viel habe ich erlebt in meinem langen Leben. Schönes und Trauriges, Leichtes und Schweres. Aber immer wusste ich: Ich bin nicht allein. Einer ist immer da: Gott. Er hilft mir, wenn es mir nicht gut geht. Er ist auch da, wenn ich fröhlich bin. Als ich früher im Krieg mit der Kutsche aus meiner Heimat fliehen musste, dachte ich, dass alles aus ist. Meine kleine Tochter war gerade geboren und ich musste sie bei Eiseskälte mit auf die kalte Kutsche nehmen. Sie wurde furchtbar krank und ich dachte, sie stirbt. Aber Gott hat uns geholfen. Er hat uns den Weg zu einem neuen Zuhause gezeigt. Er hat meine Tochter gesund gemacht. Bis heute ist Gott immer da. Und wir können hier in Frieden leben.

Hans, 49 Jahre
Manchmal frage ich mich, ob Gott wirklich da ist. Ich habe so viel Trauriges erlebt. Einige aus meiner Familie sind schwer krank. Im letzten Jahr ist mein Bruder gestorben. Er war erst 54 Jahre alt. Ich dachte immer, Gott schützt die Menschen, die an ihn glauben. Jeden Tag bete ich. Ich rede mit Gott und sage ihm, dass ich vieles nicht verstehe. Und ich warte darauf, dass Gott mir eine Antwort gibt. Ob er wirklich da ist?

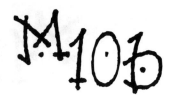

So hat sich Gott mir in meinem Leben gezeigt

Thea, 16 Jahre

Ich war gerade bei einer Jugendfreizeit mit der Kirche. Mit 50 Leuten sind wir im Bus nach Italien gefahren. Dort haben wir in einem tollen alten Haus gewohnt. Jeden Tag haben wir gebadet, gespielt und geklönt. Das war eine super Gemeinschaft, echt nette Leute da! Und wir haben in der Bibel gelesen und gebetet. Das hört sich vielleicht komisch an. Aber es war richtig gut. Da stehen Geschichten drin, die haben voll was mit uns zu tun. Und da ist nicht alles nur friedlich und toll. Ich finde, in der Bibel geht's zu wie im echten Leben, nicht wie im Roman. Ist doch irre: Schon vor zweitausend Jahren haben Menschen so geglaubt wie wir heute. Hoffentlich geht das so weiter!

Lars, 9 Jahre

Meine Mama sagt, es gibt Gott. Mein Papa sagt, das ist Quatsch. Was soll ich denn nun glauben? Papa sagt, an Gott glauben nur die, die allein nicht klar kommen. Er sagt, die Welt ist durch Zufall entstanden und nicht, weil Gott sie erschaffen hat. Mama sagt, Gott hat sie erdacht und dann ist sie entstanden. Sie betet auch und glaubt, dass Gott bei ihr ist. Ich stell mir ja auch vor, dass Gott da ist. Aber, ob er mich wirklich sieht und hört? Wo soll er denn sein? Im Weltraum jedenfalls nicht.

Zeige den anderen dein Bild und erkläre, was du gemalt hast.

Mose am brennenden Dornbusch

M 11

Ausschnitte aus dem 2. Buch Mose, im 3. und 4. Kapitel: Was Mose Gott sagen hört:

Ich bin der Gott deines Vaters, der Gott Abrahams, der Gott Isaaks und der Gott Jakobs.

Ich habe das Elend meines Volkes in Ägypten gesehen und ihr Geschrei über ihre Bedränger gehört; ich habe ihre Leiden erkannt.

Ich bin herniedergefahren, dass ich sie errette aus der Ägypter Hand und sie herausführe aus diesem Land in ein gutes und weites Land, in ein Land, darin Milch und Honig fließt.

So geh nun hin, ich will dich zum Pharao senden, damit du mein Volk, die Israeliten, aus Ägypten führst.

Ich will mit dir sein.

Ich werde sein, der ich sein werde. ... Das ist mein Name.

So geh nun hin. Ich will mit deinem Munde sein und dich lehren, was du sagen sollst.

Siehe, dein Bruder Aaron wird dir entgegenkommen, und wenn er dich sieht, wird er sich von Herzen freuen. Und ich will mit deinem und seinem Munde sein und euch lehren, was ihr tun sollt. Und er soll für dich zum Volk reden; er soll dein Mund sein und du sollst für ihn Gott sein.

✂ --

Verteile rote Flammen für jeden Auftrag, den Mose erhält, und grüne Zweige für die Versprechen (anmalen, ausschneiden, aufkleben)

M 12

Vergiss es nie

Vergiss es nie: Gott ist nah und sagt dir:
„Ich bin da für dich!",
wenn du dich freust und auch, wenn du mal weinst.
Vergiss es nie: Gott ist da und sagt dir:
„Ich bin da für dich!",
wenn ganz alleine du zu sein nur scheinst.

> Auch wenn das Leben furchtbar hart ist,
> und die Freiheit nicht in Sicht,
> so wie's früher einmal in Ägypten war,
> als Pharao die Menschen quälte,
> er sich selbst als Gott ansah
> und tatsächlich glaubte, dann sei alles klar...

Mit Mose sprach Gott an dem Dornbusch,
sagte: „Ihr zieht nun hinaus,
sollt nicht länger unterdrückt im Lande sein!
Ein Land, wo Milch und Honig fließen,
will ich zeigen euch sodann.
Also, geh – und stimm mein Volk zum Auszug ein!"

Zu singen nach der Originalmelodie von „Vergiss es nie" von Jürgen Werth

Male den Text mit Farben an – so warm und so kräftig, wie du die Worte empfindest.

5 | Vertrauen entgegensetzen –
wenn menschliche Möglichkeiten ausgeschöpft sind

Mose und Aaron nehmen ihre Aufgabe an und wagen sich tatsächlich vor bis zum mächtigen, gottähnlichen Pharao. Hier bitten sie um kaum Vorstellbares: die Freiheit für das Volk Israel. Dabei machen sie deutlich, dass sie darauf vertrauen, Gott auf ihrer Seite zu haben. Im Anschluss beginnt ein scheinbarer Machtkampf zwischen dem Pharao und Gott. Die Plagen, als Zeichen Gottes gedeutet, setzen ein und führen jeweils zum Versprechen der Freiheit durch den Pharao. Nach Ende jeder Plage vom Leidensdruck befreit, nimmt der Pharao jedoch nicht nur sein Versprechen zurück, sondern verschärft sogar die schlechten Bedingungen für die Israeliten.

Für Zweifler könnte ein solches Hin und Her zu einer wahren Vertrauensprobe werden. Mose dagegen verkörpert einen im Glauben stehenden Menschen, der an die Zuverlässigkeit Gottes glaubt und unbeirrt mit dem Pharao verhandelt. Bis zum Äußersten, dem Tod von Kindern, muss es kommen, bevor der Pharao nachgibt und die Israeliten gehen lässt. Am Ende wird deutlich: Gott bleibt der Stärkere und kann weder mit menschlichen Mitteln noch mit der Macht eines Pharao in die Knie gezwungen werden. Er zeigt sich als ein zuverlässiger Gott, der sein Versprechen hält und seine Zusagen einhält.

Für die Menschen kann dies bedeuten, dass sie Vertrauen wagen, auch wenn der Augenschein dagegen spricht. Im übertragenen Sinne könnte die Frage danach gestellt werden, was im Alltag mächtig erscheint und unter Druck setzt. Außerdem bietet es sich an zu überlegen, inwiefern Vertrauen helfen kann und zu wem das Vertrauen lohnt. Auch in diesem Zusammenhang stellt sich die Frage nach Gott.

Die Plagen werden im biblischen Kontext als Zeichen Gottes für seine Macht gedeutet. Der Pharao erkennt diese Macht an, indem er jeweils Mose und Aaron bittet, mit Gottes Hilfe die jeweilige Plage zu beenden und verspricht, die Israeliten ziehen zu lassen. Nach abgezogener Gefahr hält er sich nicht an sein Versprechen. Dieses sich wiederholende Wechselspiel kann als Ausdruck der Lächerlichkeit der Macht des Pharao und seines Versuchs, diese mit allen Mitteln aufrecht zu erhalten, verstanden werden.

 ## Ohnmächtig der Willkür ausgesetzt?

Das Gefühl, jemandem oder einer Situation ohne Macht und hilflos ausgeliefert zu sein, ist sicherlich vielen Kindern bekannt. Insbesondere kennen die meisten Kinder Situationen, in denen sie Angst haben und nicht angemessen zu reagieren wissen. Es kann nicht darum gehen, im Sinne einer Therapie im Unterricht mögliche Ängste benennen zu lassen und intensiv zu bearbeiten. Es könnte aber wiederum versucht werden, einzelne Angst- und Ohnmachtserfahrungen versprachlichen zu lassen, um indirekt deutlich zu machen: Jeder ist geprägt durch derartige Erfahrungen und geht damit um. Außerdem kann gemeinsam überlegt werden, was dagegengesetzt werden und helfen könnte. Vielleicht wird den Kindern deutlicher, dass schon das Aussprechen und das gemeinsame Tragen zu einer Erleichterung führen kann.

Der Text 🖊 könnte zu einer Imaginationsübung einladen, die Schülern ein Einlassen auf Erfahrungen der Ohnmacht erleichtert, sie aber auch wieder zurück in den Schulraum holt.

 Zum Vorlesen und Bedenken

Ohnmächtig, ohne Macht
lebten die Israeliten in Ägypten.
Harte Arbeit prägte ihr Leben.

Jeden Tag spürten sie:
Hier sind wir ohnmächtig.
Die Sklavenaufseher kontrollierten sie.
Der Pharao erteilte Befehle und ließ sie hart arbeiten.
Nichts konnten sie dagegen tun.

Kennst du das auch?
Ohnmächtig zu sein?
Nichts dagegen tun zu können, was jemand bestimmt hat?

Du hast nun zwei Möglichkeiten:

Geh in Gedanken zu den Israeliten in Ägypten.
Überlege dir, wann genau sich ein Israelit ohnmächtig gefühlt haben könnte.
Überlege, warum er sich ohnmächtig und hilflos gefühlt haben könnte.

Oder geh in Gedanken dahin, wo sich Menschen heute ohnmächtig fühlen können.
Überlege dir, wann sich ein Mensch, vielleicht ein Kind
in unserer Zeit ohnmächtig fühlt.
Überlege, warum er sich ohnmächtig und hilflos fühlt.

Nach einer Weile hörst du den Ton der Klangschale.
Komm dann in Gedanken wieder in den Klassenraum zurück.
Wenn du magst, kannst du etwas davon erzählen, was du dir vorgestellt hast.

Mögliche Aufgaben

☺ Schlüpfe in die Rolle eines Menschen, der sich ohnmächtig fühlt. Stell dir vor: Er erzählt von seinem Kummer im Gebet. Schreibe auf, was er sagen könnte.

☺ Zeichne oder gestalte (mit Draht, Knetgummi, Naturmaterialien) ein Sinn-Bild für Ohnmacht.

 # Vertrauen wagen ...

Das Lied „Vertrauen wagen dürfen wir getrost" könnte als Hoffnung machende Ansprache an Gott und somit als gesungenes Gebet im Unterricht seinen Platz finden. Bevor die Melodie mit den Kindern eingeübt wird, könnte der Text der ersten Strophe Wort für Wort an der Tafel oder in der Kreismitte aufgedeckt werden. Jeweils nach dem Aufdecken könnte ein kurzes Gespräch über die sich verändernde Bedeutung der wachsenden Anzahl der Wörter angeregt werden. Am Anfang könnte die Frage gestellt werden: „Wem vertraust du?"

Zum Lesen und Singen

1. Vertrauen wagen dürfen wir getrost
   denn du, Gott, bist mit uns dass wir leben.
2. Unrecht erkennen sollen wir getrost
   denn du, Gott, weist uns den Weg zur Umkehr.
3. Schritte erwägen können wir getrost
   denn du, Gott, weist uns den Weg deines Friedens.
4. Glauben bekennen wollen wir getrost
   denn du, Gott, weist uns den Weg deiner Hoffnung.
5. Vertrauen wagen dürfen wir getrost
   denn du, Gott, bist mit uns dass wir lieben.

Melodie und Text: Fritz Baltruweit, © tvd-Verlag, Düsseldorf, aus: Gemeindelieder-Partituren, 1982, alle Rechte

Mose und Aaron vor Pharao

Eine kurze Erzählung des geplanten Auftrittes von Mose und Aaron vor dem Pharao eignet sich als Grundlage für ein kleines szenisches Spiel, bei dem die Schüler selbst überlegen, was die beiden als Argumente zur Freilassung der Israeliten anführen könnten. Rollenkarten für Pharao, evtl. zwei Diener, Mose und Aaron (M13) könnten den Kindern bei der Rollenübernahme helfen. Für die Mappe der Schüler könnte das Bild des Deckblatts (S. 53) benutzt werden, das an den Machtkampf des Pharao erinnern soll und koloriert werden kann:

Mögliche Aufgabe

☺ Male das Bild so aus, dass der große Unterschied zwischen Mose und Aaron einerseits und dem Pharao andererseits sichtbar wird. (Überlege: Welcher Unterschied? Wie soll er sichtbar werden?)

Wer hat die Macht? Gott oder Pharao?

Um das Ringen um den Auszug aus Ägypten und das damit verbundene Hoffen und Bangen, aber auch um das vorhandene Vertrauen auf Gott eindrücklich darzustellen, könnte das kleine Sprechstück mit vorgegebenem Text genutzt werden (M14).

Dafür wird die Klasse in zwei Gruppen eingeteilt: Israeliten und Ägypter. Mose und Aaron als Sprecher der Israeliten und der Pharao als Herr-scher der Ägypter haben dabei den größten Redeanteil. Die jeweiligen Volksgruppen verstärken durch gemeinsames Sprechen das jeweilige Interesse. Die Israeliten machen ihren Gottesbezug durch das Singen des Liedes „Vergiss es nie" (s. M12) deutlich. Außerdem eignen sich weitere Strophen des im Kapitel 1 eingeführten Liedes „Als Israel in Ägypten war" am Ende dieses Abschnittes besonders (M15).

Mose vertraut Gott

Moses Vertrauen auf die Zusagen Gottes trotz der offensichtlichen Macht des Pharao und seine besondere Gottesbeziehung könnten auch dadurch verdeutlicht werden, dass ein Gebet für ihn formuliert wird.

In der Mitte eines Sitzkreises könnte auf einem grünen Tuch Moses Stab liegen. Die Schüler könnten spontan Einfälle dazu äußern. Schließlich könnte ein gezielter längerer Impuls das Thema Gebet einführen:

☺ Mose kommt zurück vom Pharao. Es war ein anstrengendes Gespräch für ihn. Was wird nun geschehen? Mose sucht sich einen ruhigen Platz. Er umfasst seinen Stab und spürt: So wie an dem Stab kann ich mich an Gott festhalten. Dann legt er den Stab zur Seite, kniet sich hin und spricht mit Gott ...

Eine leere Gedankenblase könnte neben den Stab in die Mitte gelegt und betrachtet werden. Möglicherweise melden sich sofort Kinder, um Gebetssätze zu formulieren. Ansonsten könnte die Gedankenblase von Kind zu Kind gereicht werden und so provozieren, dass einzelne Sätze formuliert werden. Anschließend könnten die Kinder in Stillarbeit am Platz selbst ein längeres Gebet für Mose formulieren (M16) und dieses am Ende der Stunde vorlesen. Der 5. Teil des Mose-Liedes (M2) bündelt den Inhalt dieser Sequenz.

Lied

Vergiss es nie (M12)

Mose und Aaron vor Pharao (Rollen-Karten)

M13

Du spielst Mose und triffst deinen Bruder Aaron. Du erzählst ihm, was du am Dornbusch erlebt hast. Gemeinsam überlegt ihr, was ihr dem Pharao sagen wollt. Dann geht ihr zum Palast und begrüßt den Diener. Ihr bittet ihn, zum Pharao vorgelassen zu werden. Wenn der Diener euch nach dem Grund fragt, erklärt ihr kurz euer Anliegen. Wenn ihr zum Pharao geführt werdet, verbeugt ihr euch und begrüßt ihn. Ihr erklärt, dass Gott die Israeliten in die Freiheit führen will. Ihr bittet ihn, frei zu kommen.

Du spielst Aaron und triffst deinen Bruder Mose. Er erzählt dir, was er am Dornbusch erlebt hat. Du erklärst dich bereit, mit ihm zum Pharao zu gehen. Gemeinsam überlegt ihr, was ihr dem Pharao sagen wollt. Dann geht ihr zum Palast und begrüßt den Diener. Ihr bittet ihn, zum Pharao vorgelassen zu werden. Wenn der Diener euch nach dem Grund fragt, erklärt ihr kurz euer Anliegen. Wenn ihr zum Pharao geführt werdet, verbeugt ihr euch und begrüßt ihn. Ihr erklärt, dass Gott die Israeliten in die Freiheit führen will. Ihr bittet ihn, frei zu kommen.

Du spielst den Herrscher Ägyptens, den Pharao. Von deinen Dienern wird dir der Besuch Moses und seines Bruders Aaron angekündigt. Du wunderst dich, was die beiden von dir wollen. Bevor sie erscheinen, setzt du dich so hin, dass zu erkennen ist, dass du der große Herrscher bist. Wenn sie zu dir kommen, hörst du dir ruhig an, was sie zu sagen haben. Als dir klar wird, dass sie mit den Israeliten aus dem Land gehen wollen, bist du nicht erfreut. Wie reagierst du? Überlege, was du ihnen sagen wirst.

Du spielst einen Diener des Pharao. Mose und sein Bruder Aaron kommen zu dir und bitten, zum Pharao vorgelassen zu werden. Du fragst, was sie dort wollen. Verwundert hörst du von ihrem Anliegen. Du gehst zum Pharao und kündigst den Besuch an. Dann bittest du Mose und Aaron herein. Du bleibst ruhig neben dem Pharao stehen.

M 14

Wer hat die Macht?

Mose:	Israeliten! Vertraut auf Gott! Gott führt unser Volk in die Freiheit!
Israeliten:	Wir vertrauen auf Gott! Gott hat uns bisher geholfen, diese Zeit zu überstehen. Er wird uns auch helfen, in die Freiheit zu ziehen.
Pharao:	Hoho! Ich bin der Pharao! Ich bin der Herrscher Ägyptens! Ich bestimme, wer frei ist!
Mose:	Israeliten! Vertraut auf Gott! Gott führt unser Volk in die Freiheit!
Pharao:	Hoho! Ich bin der Pharao! Ich bin der Herrscher Ägyptens! Ich bestimme, wer frei ist!
Israeliten:	Wir vertrauen auf Gott! Gott hat uns bisher geholfen, diese Zeit zu überstehen. Er wird uns auch helfen, in die Freiheit zu ziehen.
Ägypter:	Der Pharao ist unser Gott. Er gehört zu den Göttern im Himmel. Der Pharao hat die Macht. Er sagt, was wir tun sollen. Er sagt, die Israeliten sollen Häuser bauen. Das sollen sie tun!
Mose:	Israeliten! Vertraut auf Gott! Gott führt unser Volk in die Freiheit!
Israeliten:	Wir vertrauen auf Gott! Gott hat uns bisher geholfen, diese Zeit zu überstehen. Er wird uns auch helfen, in die Freiheit zu ziehen. Wir vertrauen auf Gott! Gott war bei uns und Gott ist da für uns!

Singen des Liedes: Vergiss es nie

Bevor ihr spielt: Besprecht, welche Wörter besonders betont werden sollen. Markiert sie.

Geh hin, Mose

M15

1. Als Israel in Ägypten war,
   so viel Jahre schon,
   das Joch nicht zu ertragen war!
   Wo blieb nur der Lohn?

   Refrain (Str. 1):

   Arbeit! Arbeit!
   Das kann nicht alles sein!
   Gott, wo bist du?
   Lass uns nicht allein!

2. Gott sprach zu Mose: „Geh nur hin,
   geh zum Pharao!
   Auch wenn er Böses hat im Sinn,
   geh zum Pharao!"

   Refrain (Str. 2-4):

   Geh hin, Mose,
   geh ins Ägypterland!
   Sag dem Pharao:
   Lass mein Volk doch
   ziehn!"

3. Und Mose sagte, sehr bestimmt:
   „Lass mein Volk doch ziehn!
   Sonst ist es Gott, der Macht dir nimmt!
   Lass mein Volk doch ziehn!"

4. Das Herz vom Pharao blieb hart.
   „Lass mein Volk doch ziehn!"
   Da schickt Gott Plagen, gar nicht zart.
   „Lass mein Volk doch ziehn!"

5. Gott schafft am Ende freie Bahn,
   lässt sein Volk dann ziehn,
   auch wenn sich Ross und Reiter nah'n,
   lässt sein Volk dann ziehn.

   Refrain (Str. 5):

   Zieht aus, Leute,
   aus dem Ägypterland,
   zieht begleitet
   ins gelobte Land!

M 16

Gebet des Mose

Mose kommt vom Pharao zurück. Der Pharao ist ärgerlich über die Bitte der Israeliten, ziehen zu dürfen. Mose hat die Zusagen Gottes im Kopf und weiß gleichzeitig vom Ärger des Pharao. Wie soll es nun weitergehen? Mose betet zu Gott.

Schreibe auf, was Mose zu Gott sagen könnte.

6 Ausziehen dürfen –
wenn sich ein Weg in die Freiheit öffnet

Zwischen Hoffen und Bangen, zwischen Glauben und Zweifeln könnten sich die Israeliten in der Zeit nach Moses Rückkehr befunden haben. Die Frage: „Gibt es einen Weg in die Freiheit?" könnte sie ebenso begleitet haben wie Wunschvorstellungen im Hinblick auf das versprochene Gelobte Land. Und dann - endlich - soll es so weit sein: Das Lamm wird Gott zum Dank geschlachtet, ungesäuertes Brot wird hastig für die Reise gebacken, das Nötige wird gepackt und bereit gestellt. Endlich, mitten in der Nacht geht es los, der Weg in die Freiheit beginnt.

Vielleicht war es, als ob sich ein schweres Tor öffnete, das den Blick auf einen langen, vielversprechenden Weg freigab. Frei, endlich frei von der Last der Fronarbeit, dem Druck, sich der fremden Kultur anpassen zu müssen, dem Unverständnis für die eigene Religion. Kaum vorstellbar für uns, endlich freien Zugang zu einem lange verheißenen Ziel zu bekommen!

Im übertragenen Sinne erscheinen die Sehnsüchte und Hoffnungen nach einem Ort des inneren und äußeren Friedens, nach einem Ort in Gottesnähe, an dem es sich ohne Leid leben lässt, doch nahe zu den Gedanken und Gefühlen heutiger Menschen. Ausziehen zu dürfen aus der Bedrückung des Alltäglichen hinein in ein entspanntes Sein könnte für manchen als ein erstrebenswertes Ziel erscheinen.

Auch Kinder kennen Situationen, in denen sie sich bedrückt oder unterdrückt fühlen. Sie können nachempfinden und thematisieren, was es ausmachen kann, wenn entstandener Druck sich löst, wenn Situationen sich für sie so verändern, als könnten sie ausziehen aus der Bedrückung. Es gilt, sie dabei zu unterstützen, sich der Freude über dieses Ausziehen-Dürfen entweder anhand eigener Erfahrungen oder durch Eintauchen in die Geschichte bewusst zu werden und ihre befreiende Wirkung in Ansätzen nachzuempfinden.

Wünsche für ein Land der Freiheit

Was ist kennzeichnend für ein Land der Freiheit? Wovon befreit möchten Kinder leben, hätten sie die Wahl? Greifen wir diese Fragen im Unterricht auf, so kann es sicher nicht darum gehen, oberflächliche, irrealistische oder gar egoistische Vorstellungen zu unterstützen. Ziel könnte sein, die Kinder sensibler für ihre tieferen Empfindungen und in Ansätzen für persönliche Verstrickungen zu machen, so dass sie diese im Laufe der Zeit spüren lernen und dadurch auch Entscheidungsmöglichkeiten für ihr je eigenes Leben wahrnehmen lernen.

In diesem Unterrichtszusammenhang könnten Gespräche und Arbeitsphasen dazu führen, dass durch eine Überzeichnung von Wünschen und Vorstellungen für ein Land der Freiheit tatsächliche Zustände besser wahrgenommen, vielleicht auch wertgeschätzt werden, dass gleichzeitig aber auch die Wahrnehmung von persönlichen und gesellschaftlichen Missständen geschult wird.

Längerfristig können die Kinder darin geschult werden, eigene Sehnsüchte zu spüren, so dass mit Worten und Bildern der Hoffnung, insbesondere mit den biblischen Bildern Gegenakzente gesetzt und Perspektiven der Hoffnung aufgezeigt werden.

Möglicher Verlauf

Zur Einstimmung könnte die Phantasiereise „Wo Milch und Honig fließen" 🖉 langsam vorgelesen werden. Dabei wird weniger der Aspekt der Freiheit als vielmehr die Frage danach aufgegriffen, was es im übertragenen Sinne bedeuten könnte, dass in einem Land „Milch und Honig" fließen.

Im Anschluss könnte das Arbeitsblatt **M17** dazu anregen, eigene Vorstellungen von einem solchen utopischen Ort, der auch durch Freiheit gekennzeichnet ist und dadurch gewissermaßen Sitz der Hoffnung sein kann, zu formulieren.

Zum Vorlesen und Bedenken

Heute würde ich dich gern mitnehmen auf eine Reise in Gedanken. Die Reise führt in ein Land, in dem man sich wohlfühlen kann. Sie führt in ein Land, von dem Menschen schon immer geträumt haben. Vielleicht haben es einige auch tatsächlich gefunden. Wer weiß?

Aber erst einmal müssen wir uns auf die Reise machen. Wir brauchen nichts mitzunehmen, denn unsere Gedanken brauchen kein Gepäck. – Setz dich bequem auf deinem Platz hin und schließe die Augen, wenn du magst.

In Gedanken gehen wir nun aus dem Klassenzimmer durch die Schule bis auf den Sportplatz. Dort, mitten auf der großen Wiese, steht schon ein Hubschrauber für uns bereit. Er ist so groß, dass alle Platz darin finden können. Du steigst ein und suchst dir einen Platz, an dem du gut aus dem Fenster sehen kannst. Und schon geht die Reise los!

Der Hubschrauber hebt ab und steigt schnell höher. Zack, und schon siehst du nichts mehr, denn draußen sind viele Wolken am Himmel. Du entspannst dich und wirst ganz ruhig. Du träumst ein bisschen vor dich hin. Nach einer Weile schaust du wieder aus dem Fenster. Unglaublich! Dort siehst du eine wunderschöne Landschaft. „Hier beginnt das Land, wo Milch und Honig fließen!", sagt der Pilot.

Aha! Hier fließen Milch und Honig? Aber der Fluss, den du dort unten sehen kannst, sieht eher aus wie ein normaler Fluss mit Wasser. „Nicht, dass ihr jetzt Milch und Honig sucht!", lacht der Pilot. „Aber was bedeutet dann das Land, in dem Milch und Honig fließen?", fragt ein Kind. „Tja", überlegt der Pilot, „ich glaube, das Land, in dem Milch und Honig fließen, ist ein Land, in dem jeder selbst entdecken kann, was das bedeutet. Aber ich glaube auch, nicht jeder findet das Land!"

Was heißt das denn? Du überlegst, was das Land, wo Milch und Honig fließen, für dich bedeuten könnte. Du schaust zwischendurch aus dem Fenster und siehst – eigentlich nichts Besonderes. Die Landschaft ist immer noch sehr schön, aber es gibt viele schöne Landschaften. Woran erkennt man das Land, in dem Milch und Honig fließen?

„Na, jetzt seid ihr ganz erstaunt, was?", fragt der Pilot. „Hier seht ihr das Land von oben, in das die Israeliten eingezogen sind. Es sieht gar nicht so besonders aus, oder? Aber für die Israeliten war es das Land der Freiheit und der Hoffnung. Für sie wurde hier vieles wahr, was sie sich gewünscht hatten." Du denkst darüber nach, was der Pilot gesagt hat. Du überlegst, wie für dich ein Land aussehen könnte, in dem Milch und Honig fließen. Du stellst dir vor, wer dort mit dir leben würde, was es für euch geben würde.

Nach einer Weile hörst du wieder die Stimme des Piloten: „So, nun sind wir bald wieder zurück. Vielleicht ist ja für manchen sogar hier zu Hause das Land, wo Milch und Honig fließen." Du siehst die Häuser in der Nähe der Schule und den Sportplatz. Der Hubschrauber landet sicher. Alle Kinder steigen aus und laufen schnell zurück in den Klassenraum.

Du setzt dich an deinen Platz, drückst die Hände gegeneinander, öffnest die Augen, reckst und streckst dich und schaust dich im Klassenraum um. Möchtest du etwas von deinen Gedanken erzählen?

Frei und unfrei

Was es bedeuten kann, frei oder unfrei zu sein, mag für einige Kinder in Ansätzen durch Erfahrungen bereits im Bewusstsein nachvollziehbar sein. Für die meisten Kinder wird Freiheit ein eher abstrakter Begriff sein, den es mit Erfahrungen zu füllen gilt. Dazu beitragen könnte die meditative Körperübung , die jeweils zwei Kinder in Partnerarbeit miteinander durchführen können.

Freiheit bzw. Unfreiheit werden hier als äußere, körperlich wahrnehmbare Zustände nachvollziehbar gemacht. Jeder der Partner tauscht seine Rolle nach einer Runde, so dass unterschiedliche Empfindungen gemacht werden können.

Im Anschluss sollte eine Gesprächsrunde angeboten werden, die mit dem Impuls: „Wie ist es dir ergangen bei dieser Übung? Beschreibe, was du gefühlt und gedacht hast", beginnen könnte.

Zum Anleiten und Ausprobieren

Immer zwei Kinder arbeiten in Partnerarbeit zusammen. Ihr könnt dabei ausprobieren, was es heißen kann, frei und unfrei zu sein. Jeder von euch übernimmt zuerst die eine Rolle, später tauscht er und übernimmt die andere. In der einen Rolle ist man unfrei. In der anderen Rolle ist man frei. Legt fest, wer von euch zuerst frei, wer unfrei ist. Wer frei ist, wird von mir gleich „F" genannt. Wer unfrei ist, wird „U" genannt.

- F und U, ihr geht nebeneinander durch den Raum.
- F kann dabei hüpfen oder sich drehen.
- U geht gerade vorwärts und hält die Arme eng am Körper.
- F geht mehrmals um U herum.
- U geht dabei gerade weiter.
- F fuchtelt mit seinen Armen um U herum.
- U senkt den Kopf und geht weiter.
- F hält U fest.
- U geht leicht gebückt weiter.
- F hüpft und springt um U herum.
- U macht sich klein und verschränkt die Arme.
- F klatscht vor U's Gesicht, guckt ihn wütend an und zeigt mit dem Finger auf den Boden.
- U sieht dem Finger nach und setzt sich an die Stelle auf den Boden.
- F zeigt U eine Handbewegung, die U immerzu wiederholen soll.
- U wiederholt die Handbewegung.
- F trifft sich in einer Ecke des Raumes mit allen anderen Fs.
- Alle Fs begrüßen sich freundlich und reden miteinander.
- Sie heben die Arme und jubeln.
- U macht immer weiter seine Handbewegung.
- F kommt zu U zurück.
- U macht weiter seine Handbewegung.
- F streicht U einmal über den Rücken und zeigt ihm, dass er aufhören soll.
- U hört auf und sitzt gekrümmt da.
- F lächelt ihn an.
- U lächelt zurück und richtet sich im Sitzen auf.
- F hilft U aufzustehen.
- Beide gehen gemeinsam so durch den Raum, wie sie wollen.

Nun tauscht ihr die Rollen. F wird nun U. U wird nun F.

Die Nacht, die anders war – Passa und Auszug

Von der Passa-Nacht sollte an dieser Stelle erzählt werden, um die sich zuspitzende Hoffnung auf den Auszug durch die Vorbereitungen des Abends und das Wirken Gottes in der zehnten Plage vor Augen zu führen. Am Ende der Einheit könnten die Elemente des jüdischen Passa-Mahls wiederholend und vertiefend wieder aufgegriffen werden.

Parallel zur Erzählung könnte ein Mitte-Bild mit Tüchern und einigen Requisiten von den Kindern gestaltet werden: Als Untergrund wird ein großes schwarzes Tuch für die Nacht in die Mitte gelegt. Ein Türrahmen wird mit drei zusammengelegten roten Tüchern angedeutet. Das Lamm wird durch ein Schaffell dargestellt. Als schnell gebackene Brote werden Pita-Brot oder Mazzen dazu gelegt.

Die Erzählung könnte schließlich so angelegt und beendet werden, dass die Kinder selbst in den Rollen einer israelitischen Familie sind, gemeinsam essen, trinken und über ihre Ängste und Hoffnungen sprechen.

Nach einem gemeinsamen Gebetslied könnte die Klasse gemeinsam schweigend (Achtung: Ägypter!) über das Schulgelände gehen. Denkaufgabe für jedes Kind wäre dabei: „Überlege, was du in Ägypten hinter dir lassen willst!"

In einer Abschlussrunde in einem ruhigen Raum (wenn möglich, nicht in der Klasse) könnten entsprechende Gedanken ausgetauscht werden.

Rettung am Schilfmeer

Eindrücklich beschreibt die biblische Geschichte den Auszug der Israeliten aus Ägypten. Das Bild des sich teilenden Wassers hat eine große Symbolkraft und kann im Laufe des Lebens in Bezug auf unterschiedliche Situationen des Auszuges eines Menschen gedeutet werden. Es lohnt sich insofern sicherlich, diese Erzählung so vorzubereiten und durchzuführen, dass sie die Kinder einlädt, sich auf ihre Bilder einzulassen und diese tief in sich aufzunehmen. Die Verklanglichung könnte dies ermöglichen, indem sie die akustischen Reize durch den Einsatz von Instrumenten verstärkt.

Es hat sich als sinnvoll erwiesen, die Geschichte einmal vorzulesen und im Anschluss Instrumente einzusetzen. Dabei kann entweder von vornherein festgelegt werden, wer die Geräusche für welche Elemente der Geschichte übernimmt. Oder alle nötigen vorhandenen Instrumente werden in die Mitte gelegt, so dass die Kinder in jeder Lesepause frei wählen und selbst miteinander aushandeln müssen, wer an welcher Stelle spielt. Diese Vorgehensweise ist sicherlich für den gruppendynamischen Prozess sinnvoll, erfordert aber vergleichsweise mehr Zeit. In jedem Fall sollte mindestens eine zweite Runde mit Instrumenten eingeplant werden.

Der 6. Teil des Mose-Liedes (M2) könnte am Ende jeder Runde oder zur Wiederholung am Beginn einer neuen Stunde gesungen werden.

Der Text für die Verklanglichung ist so konzipiert, dass die Frage nach dem Verbleib der Ägypter durch die Perspektive eines Kindes angesprochen wird. Dadurch soll ermöglicht werden, dass sie versprachlicht und bewusst aufgenommen ist, aber nicht ausführlich als mögliche historische Realität im Unterricht ausgeweitet werden muss.

 Zum Vorlesen und Mitmachen

Frei – endlich waren sie frei! Die Israeliten waren auf dem Weg – weg aus der Sklaverei in Ägypten. Voller Freude waren sie losgezogen:

Die Erwachsenen gingen mit festen Schritten ihren Weg. **(Handtrommeln)**
Alte kamen langsam hinterher. **(Klangstäbe)**
Und erst die Kinder! Sie freuten sich auf das neue Land. Fröhlich hüpften sie am Rande des Weges. **(Glockenspiele)**

Auch Tiere waren mitgekommen:
vollbeladene Kamele, **(Holzblocktrommeln)**
bepackte Esel, **(Röhrentrommel)**
und Schafe. **(Glockenkränze)**

So zogen sie fort aus der Sklaverei. Gott zeigte ihnen den Weg. Mose spürte, wohin sie gehen sollten. Er ging mit Mirjam voran. **(Xylophon, fest)**

Noch waren sie in Ägypten. Ein ganzes Stück mussten sie weiter gehen, bis sie das ägyptische Land verlassen konnten. Hoffentlich würde alles gut gehen! Würden die Ägypter sie wirklich ziehen lassen?

Als Mirjam merkte, dass einige Israeliten anfingen zu zweifeln, begann sie ein Lied zu summen. **(summen: Vergiss es nie)**
Zuerst stimmten ein paar Kinder mit ein, und schließlich sangen alle zusammen: **(singen: Vergiss es nie)**

Auf einmal rief jemand: „Schaut mal da vorne! Gleich sind wir am Meer!" Jemand anders meinte: „Juhu! Dann haben wir es geschafft! Da ist Ägypten zu Ende! Dahinter können uns die Ägypter nicht mehr zurückholen!"
Die Kinder hüpften und sprangen vor Freude. **(Klangstäbe)**

Immer näher kamen sie zum Meer. Sie konnten schon den Wind und die Wellen hören. **(Handtrommeln, Blech)** „Toll! Bald sind wir gerettet! Bald sind wir frei!", meinte ein Mädchen.

„Oh, nein, oh, nein!", rief plötzlich ein älterer Mann. „Was ist los?", fragte eine Frau.
Jemand schrie: „Das darf doch nicht wahr sein! Da kommen Pferde, die Pferde der ägyptischen Soldaten! Sie wollen uns zurückholen!",Die Menschen liefen plötzlich alle aufgeregt durcheinander:

Die Kinder liefen zu ihren Eltern. **(Glockenspiele)**
Die Erwachsenen liefen zu den Tieren. **(Handtrommeln)**
Auch die Alten liefen, so schnell sie konnten. **(Klangstäbe)**

Die Tiere liefen wild umeinander:
die vollbepackten Kamele, **(Holzblocktrommeln)**
die beladenen Esel, **(Röhrentrommeln)**
und die Schafe. **(Glockenkränze)**

Was sollten sie tun? Hinter ihnen kamen die Ägypter immer näher. Sie hörten die Pferde immer lauter. **(Holzblocktrommeln)**
Vor ihnen ging der Weg nicht viel weiter, denn dort war das Meer. Wind und Wellen wurden stärker. **(Handtrommeln, Rasseln, Blech)**

Sie konnten nicht vor, sie konnten nicht zurück! Jemand rief: „Sollen wir uns etwa wieder von den Ägyptern in die Sklaverei bringen lassen? Wieder jeden Tag Steine klopfen, Steine schleppen, Wasser holen, arbeiten, arbeiten? Mose! Was soll das?" Gab es keine Rettung?

Mose und Mirjam standen dicht am Meer. Man konnte nicht hören, was sie redeten, denn der Wind und die Wellen wurden noch lauter. **(Handtrommeln, Rasseln, Blech)**

(Laut sprechen, Instrumente spielen weiter) Mose hob den Arm. Da! Der Wind wurde leiser, das Meer wurde ruhiger. **(Instrumente werden durch Handzeichen leiser)**

Half Gott ihnen doch? Jemand sagte staunend: „Guckt, das Meer ist so flach, dass wir hindurch gehen können. Es sieht fast so aus, als würde ein Weg durch das Wasser führen." Mirjam rief laut: „Seht! Gott hilft uns! Er lässt uns durch das niedrige Wasser gehen! Los! Kommt! Wir sind gerettet!"

Zuerst gingen Mose und Mirjam durch das Wasser. **(Xylophon)**
Dann kamen einige Kinder. **(Glockenspiele)**
Hinter ihnen gingen die Erwachsenen. **(Handtrommeln)**
Auch die Alten gingen, so schnell sie konnten, durch das Meer. **(Klangstäbe)**

Das leichte Plätschern des Wassers war von allen Seiten zu hören. **(Glockenspiel)**
Alle kamen glücklich auf der anderen Seite des Wassers an, die Menschen und die Tiere. **(Glockenspiele, Handtrommeln, Klangstäbe, Holzblocktrommeln, Röhrentrommel, Glockenkränze)** Die Kinder sprangen vor Jubel in die Höhe. **(Glockenspiele)**

Doch – oh Schreck! Die Ägypter hatten längst das Meer erreicht und wollten auch hindurch. Da begann ein kräftiger Wind, das Wasser stieg, die Wellen wurden höher und höher. **(Handtrommeln, Rasseln, Blech)**

Einige Kinder jubelten, denn sie wussten, dass die Ägypter sie nicht mehr erreichen konnten. Sie klatschten und sprangen. **(Glockenspiele)**

Ein Junge blieb entsetzt stehen und sagte: „Aber, aber – die Ägypter bleiben im Wasser! Sie sterben!" Obwohl sie lange als Sklaven gelebt und die Ägypter gehasst hatten, wurden einige Israeliten ganz ruhig. Einige Erwachsene gingen ein paar Schritte und blieben dann stehen. **(Handtrommeln)**

Mirjam merkte, was manche Israeliten dachten und meinte: „Ich kann verstehen, dass ihr auch traurig seid! Aber denkt dran: Nur so kommen wir frei – frei aus der Sklaverei!"

Die Menschen wurden wieder munterer und liefen durcheinander. **(Handtrommeln, Klangstäbe, Glockenspiele)** Mirjam rief: „Gott hat uns gerettet! Die Ägypter können uns nicht mehr erreichen! Das Wasser kommt wieder! Keiner kann mehr durch! Gott hat uns aus Ägypten geführt! Lasst uns singen und tanzen und Gott danken!"

Da zogen alle zu einem Platz, auf dem sie singen und tanzen konnten. Mirjam bereitete alles vor: Sie dichtete ein Lied und holte ihre Pauke, die die Reise durch das Meer gut überstanden hatte. Vor Freude schlug sie schon mehrmals auf die Pauke. „Danke, Gott!", sagte sie. Bald würden die anderen kommen und mit ihr singen und tanzen…

Die Verklanglichung eignet sich als Element einer Andacht oder eines Gottesdienstes und könnte in Verbindung mit dem Mose-Lied und einem Gebet mit wenig Aufwand entsprechend ausgestaltet werden.

 ## Und Mirjam tanzt…

Ein Jubeln und Tanzen wird es gegeben haben, als die Israeliten begriffen hatten, dass sie Ägypten und ihre Erfahrungen der Unfreiheit hinter sich lassen konnten. Eine Identifikation mit der Freude darüber ist sicherlich nur in Ansätzen möglich. Doch an dieser Stelle der Geschichte sollte in jedem Fall Musik gemacht oder gehört werden, denn so kann ganzheitlicher aufgenommen werden, dass hier etwas Wunderbares geschehen ist.

Es bietet sich an, orientalische oder israelische Musik zu hören und gemeinsam dazu zu tanzen. Doch auch der Gottesbezug von Mirjam und Mose, die Danklieder anstimmen, sollte hier nicht vergessen werden. Das Mirjam-Lied als eines der ältesten Bibelfragmente lädt dazu ein, Mirjam zur Hauptfigur zu machen und aus ihrer Perspektive fiktiv von ihren Gefühlen zu erzählen.

Möglich wäre auch, eine Mirjam-Figur in die Mitte zu stellen und die Kinder zu bitten, Gedanken und Gefühle der Mirjam zu nennen. Nach einigen Schüleräußerungen könnte als Impuls eine Sprechblase mit „Danke, Gott!" neben die Figur gelegt werden.

Die Kinder benennen, dass Mirjam Gott dankt. Im Anschluss könnten sie in Einzelarbeit ein Lied oder Gebet Mirjams formulieren (Deckblatt, S. 61), ohne das kurze biblische Lied zu kennen.

☺ Sieh, wie Mirjam sich freut. Vor lauter Freude lobt sie Gott. Lege ihr Worte in den Mund (d.h. schreibe sie in die Sprechblase).

Am Ende der Stunde könnte der Kehrvers „Dank sei dir" ♫ eingeführt werden und ritualisiert jeweils nach dem Vortrag zweier Mirjam-Gebete gemeinsam gesungen werden.

Zum Vorsingen und Mitsingen

Dank sei dir...

Dankd sei dir. Originaltext: Hans-Jürgen Netz; Musik: Peter Janssens; aus: Ich suche einen Sinn heraus, 1975; alle Rechte im Peter Janssens Musik Verlag, Telgte – Westfalen

Dank sei dir, dank sei dir, o Gott,
du warst bei uns auf unserm Weg.
Wir sagen danke, danke!
Hab Dank, wir sind jetzt frei!

Behüte uns und bleib bei uns,
sei weiter mit uns auf dem Weg.
Zeig uns, wohin wir gehn,
bei Tag und in der Nacht.

Umtextierung: Beate Peters

Wünsche für ein Land der Freiheit

M 17

Endlich sind die Israeliten in der Freiheit. Erwartungsvoll blicken sie nach vorn. Wie wird es sein im Land der Freiheit?

Schreibe auf, was für dich zu einem Land der Freiheit dazugehört.

In einem Land der Freiheit

sehe ich _____

_____

_____

höre ich _____

_____

_____

kann ich _____

_____

_____

will ich _____

_____

_____

7 | In der Wüste dürsten – wenn es gilt durchzuhalten

Gerade noch so verheißungsvoll erscheinend, erweist sich der Weg in die Freiheit für die Israeliten als Teststrecke für ihre Geduld. Nicht das Gelobte Land zeigt sich nach dem Auszug aus dem Land der Unfreiheit, sondern ausgerechnet die Wüste als eine kaum bezwingbare Durststrecke im wahrsten Sinne des Wortes. Wenn Wasser und Brot fehlen, liegen die Nerven blank. So verwundert es nicht, dass schon nach kurzer Zeit Unzufriedenheit und Hoffnungslosigkeit so zunehmen, dass die Zeit in Ägypten plötzlich in einem anderen Licht gesehen wird: War es doch besser, da, wo man herkam? Sollte man umkehren?

Fragen über Fragen und Zweifel über Zweifel überkamen so manchen Wüstenwanderer. So kann es sein auf Durststrecken des Lebens: Die Perspektive nach vorn, die eben noch weiter trug, scheint mit einem Mal versperrt und der Weg zurück scheint der einzige Ausweg zu sein. Im Zuge einer „Spätromantisierung" wird dabei sogar erlebtes Leid verdrängt und schön geredet.

Aus den Erfahrungen der Israeliten können wir lernen, dass es sich lohnen kann, Durststrecken durchzustehen und uns den Blick nach vorn nicht verhängen zu lassen. Ebenfalls können wir vom Gottvertrauen des Mose lernen, der trotz allen Murrens sein Ziel weiter als das verheißene Ziel ansieht und im beständigen Gespräch mit Gott bleibt.

Bei der Arbeit mit Kindern wird es nicht darum gehen, ausholend und reflektierend auf vermeintliche Durststrecken des Lebens einzugehen. Manche Kinder können mit ein wenig Übung in symbolischer Sprache Situationen ihres Lebens beschreiben, in denen es war wie in einer Wüste. Andere Kinder werden eher in die Bildhaftigkeit der Geschichte eintauchen können und diese möglicherweise im Laufe ihres Lebens in entsprechenden Situationen als Bilder menschlicher Erfahrung, als Bilder für Zweifeln und Hoffen und schließlich als Hoffnungsbilder für menschliches Leben verstehen lernen können.

Wüstenerfahrungen – zwischen Verzweiflung und Hoffnung

Es gibt Lebens-Erfahrungen, die in eigener Weise denen vergleichbar sind, die in einer Wüste zu machen sind. „Mein Leben war eine Wüste!"– Dieser Ausspruch kann in metaphorischer Sprache ein Ausdruck für Erfahrungen des Ausgemergeltseins, des Dürstens und des Hungerns inmitten eines satten, reichen Lebens sein. Auch wenn für Kinder die Metaphorik des Ausdrucks „Wüste" zunächst nicht unmittelbar zu erschließen ist, könnte dennoch mit dieser gearbeitet werden. Es hat sich gezeigt, dass Kindern durchaus entsprechende Erfahrungen bekannt sind und dass das Angebot einer Metapher ermöglichen kann, dass sie diese in Sprache ausdrücken. Ein Wüsten-Bild (M18) oder ein entsprechendes Foto könnte Gesprächsanlass sein, um über Assoziationen und Gefühle zu sprechen.

Dabei soll nicht unbedingt eine direkte Übertragung auf das je eigene Leben hervorgerufen werden. Es kann aber angeboten werden, innerhalb der Bildhaftigkeit Ausdrucksmöglichkeiten zu finden, die indirekt eigene Erfahrungen betreffen.

Mögliche Aufgaben

☺ Die Wüste – Im Deckel eines Schuhkartons kannst du sie gestalten. Du brauchst Strandsand, Steine und trockene Zweiglein, Disteln usw. Wenn alles so liegt, wie du es dir vorstellst, kann deine Lehrerin die Gestaltung mit Haarspray fixieren.

☺ Die Wüste – Bildet im Schreibgespräch (zu viert) eine Wörterschlange, die lesbar und hörbar macht, wie öde und heiß und trostlos Wüste ist.

☺ Die Wüste – schreibe ein Elfchen (ein Gedicht aus 11 Wörtern) über die Wüste.

Begleitet sein

Jedem Kind ist es zu wünschen, dass es sich in seinem Leben begleitet fühlt. Erfahrungen der Begleitung hat sicherlich jedes Kind gemacht. Das Vertrauen, im Leben von Menschen und von Gott begleitet zu sein, zeigt eine Perspektive der Hoffnung auch für schwierige Situationen auf. Es gilt, das Bewusstsein dafür zu schärfen, wie sich Momente des Begleitetseins anfühlen, um diese Erfahrung als gespeicherte Möglichkeit und Zuspruch in schwierigen Zeiten zur Verfügung zu haben und schließlich auch Vertrauen in die Begleitung Gottes aufzubauen.

In einigen Psalmen wird direkt Bezug genommen auf die Situation der Israeliten in der Wüste und die Erfahrung der Führung Gottes. Diese Psalmen beschreiben die Situation sehr konkret und eignen sich auch, um Kinder über die Wüstensituation sprechen zu lassen. Die Psalmworte (M19) können gemeinsam gelesen und anschließend jeweils von einigen Kindern bedacht werden. Die Aufgabe könnte sein:

☺ Wähle einen von den drei Psalm-Texten aus. Überlege, was er bedeuten könnte. Überlege auch: Warum hat ihn jemand aufgeschrieben? Was sagt er über Gott? Was sagt er über die Menschen?

In einem gemeinsamen Gespräch könnte der Aspekt des Begleitetseins herausgearbeitet werden. Evtl. könnte im Anschluss ein direkter Bezug zu den Kindern hergestellt werden. Der Impuls: „Begleitet fühle ich mich, wenn ..." könnte anregen, dass die Kinder von verschiedenen eigenen Erfahrungen berichten. In dieser Phase könnte mündlich im Kreis gesprochen oder auch schriftlich (M20) von jedem Kind Entsprechendes formuliert werden.

Als Gebetsruf und Ausdruck einer Bitte an Gott könnte am Ende „Behüte uns, Gott" (Lied, S. 76) eingeführt werden. Wenn die Lerngruppe entsprechend offen ist, könnten Sie den Abschluss-Zuspruch 📖 langsam vorlesen. Vielleicht haben einige Kinder Freude daran, ihn auswendig zu lernen und in den Folgestunden am Ende zu sprechen.

 Zum Vorlesen und Auswendiglernen

Wenn du allein einen Weg gehst,
ist es gut zu wissen:
Du bist begleitet.

Einer ist immer bei dir:
Gott geht mit.

Er ist da, wenn du Angst hast,
er ist da, wenn du dich freust,
er ist da, wenn du traurig bist
und er ist da im Glück.

Bei Tag und bei Nacht: Er ist da.

Wenn du allein einen Weg gehst,
wenn du allein, alleine stehst,

denk daran:
Du bist begleitet.
Einer ist immer bei dir.
Gott geht mit.

Wasser zum Leben

Wasser spielt als Symbol in unzählig vielen biblischen Geschichten eine wichtige Rolle. Sowohl in alttestamentlichen Geschichten, z.B. in der Sintflutgeschichte, als auch im neutestamentlichen Zusammenhang, vgl. die Geschichte von der Sturmstillung, taucht das Motiv des Wassers in verschiedenen Zusammenhängen und mit unterschiedlichen Wertungen auf. Wasser kann zerstören und Leben ermöglichen. In der Taufe spielt das Wasser als Grundsymbol christlichen Glaubens eine wesentliche Rolle.

Zu Beginn könnten Wassergeräusche auf CD eingespielt werden, so dass eigene Wasser-Erfahrungen bewusster gemacht werden. Da das Tauf-

alter seit einigen Jahren ansteigt, hat vielleicht ein Kind sogar direkte Erinnerungen an seine Taufe (oder die von Geschwistern). Im Anschluss könnte eine kurze Phase des Austausches stattfinden. Dabei könnte in die zwei Kategorien (Wasser zum Leben/Wasser zerstört) eingeteilt werden. Evtl. könnte im Anschluss eine Phase der Gruppenarbeit stattfinden, in der die Kinder weitere Erfahrungen mit Wasser benennen, den Kategorien zuordnen und schriftlich festhalten. Nach einer Vorstellung im Plenum könnte das Lied „Ohne Wasser können wir nicht leben" den Abschluss der Stunde bilden.

Zum Singen

Text und Melodie: Wolfgang Longardt, © Abakus Musik Barbara Fietz, 35753 Greifenstein

 ## Mose vertraut in der Wüste

Mose hält sich in der Wüste an dem Stab fest, den Gott als Zeichen eingesetzt hat. Als die Israeliten inmitten ihres Durstes eine Quelle auftun, erweist sich diese als bitter. Murren und Verzweiflung sind die Folge. Doch Mose weiß sich begleitet und vertraut auf Gott. Er taucht den Stab als Zeichen der Verbindung mit Gott in das Wasser, so dass es – zum Erstaunen der Israeliten – genießbar wird.

Dieser Abschnitt der Mose-Geschichte eignet sich gut zum Erzählen, denn er greift die Motive des Bangens und Murrens ebenso auf wie die des

Vertrauens und Glaubens. Die entsprechende Erzählung in „Wie Feuer und Wind" lässt schon in der Phase der Wüstenwanderung den Mose-Nachfolger Josua als Ich-Erzähler auftreten und verdichtet dadurch die Verbindung zum Zuhörer oder Leser.

Die Kinder könnten vor Beginn des Vorlesens den Auftrag erhalten: „Überlege, wer die Geschichte erzählt. Beschreibe, welche Verbindung er zu Mose hat." Nach einem kurzen Gespräch im Anschluss an die Erzählung könnten die Kinder aufgefordert werden, aus der Perspektive einer frei gewählten Person das Wüstenerlebnis erneut zu erzählen (dazu: das Deckblatt, S. 70). Dabei werden sie eigene Erfahrungen des Vertrauens oder Zweifelns einbringen und die Perspektive entsprechend wählen, ohne dass vorher explizit mögliche Einstellungen der Israeliten herausgearbeitet worden sind.

☺ Betrachte das Bild (S. 70): Zwei Israeliten erleben, wie es in der Wüste sein kann. Schreibe auf, was ihnen dabei durch den Kopf geht.

Am Ende könnten die Ergebnisse vorgelesen werden. Als Kehrvers könnte zwischendurch „Aus der Tiefe rufen wir zu dir" als Gebet Moses oder Josuas eingeflochten und gesungen werden. Der 7. Teil des Mose-Liedes könnte als Zusammenfassung oder in der Folgestunde als Wiederholung gesungen werden. (M2)

 Zum Vorlesen oder Erzählen

Wir wandern weiter und weiter. Nichts als Wüste ist um uns her.
Der Zug kommt langsam und schleppend voran. Josua, sagt Mose,
was sagen Israels Kinder? Ich höre doch, wie sie flüstern und murren. –
Herr, sage ich, sie haben furchtbaren Durst. Finde Wasser für sie, eine Quelle.
Sonst zweifeln sie an der Macht deines Stabs.

Wasser!, ruft Gerschom plötzlich. Er ist dem Zug ein wenig voraus. Ich sehe Wasser!
Da ist eine Quelle! Die noch Kraft haben, rennen. Ich bleibe bei Mose.
Er braucht mich, um Ordnung zu halten im Zug. Wir sehen sie hasten, jubelnd und durstig.
Wir sehen: Sie prallen zurück. Dann stehen sie starr wie Stein.

Was ist? Warum trinkt ihr nicht?, fragt Mirjam, als wir die Quelle erreichen.
Bitteres Wasser, sagt Amram und flucht. In Jochebeds Augen sind Tränen.
Sie legt eine Hand auf Moses Arm. Mein Sohn, das ist unser Ende.
Da ist keine Macht mehr in Moses Stab . So murren die Alten.
Sein Gott – Ich bin da – hat ihn verlassen.

Und du, Josua? – Ich habe gewusst, dass Mose mich fragt! Herr, sage ich.
Halt deinen Stab in das Wasser. Er kann, wenn Gott will, auch das bitterste Wasser
versüßen. Ja, sagt Mose und hebt seinen Stab. Hört, ruft Aaron für alle.
So spricht Gott: Traut auf mich. Ich bin, der ich bin. Und Mose taucht seinen
Stab tief in das bittere Wasser.

Was für ein Wunder, rufen die Leute. Sie knien an der Quelle und trinken sich satt.
Das Wasser ist frisch und Kein bisschen bitter. Gelobt sei Gott. Er ist da.
Merkt euch das jetzt, befiehlt Mose. Ihr sollt auf Gott trauen. Wenn nicht, so fürchtet,
ihn zu erzürnen! Die Leute sehen sich an. Gott kann zornig sein? Auf seine eigenen Kinder?

 Zum Singen und Beten

Aus der Tie-fe ru-fe ich zu dir: Gott hör mein Ge-bet!

Gott schenkt, was zum Leben nötig ist

Immer wieder zweifeln die Israeliten an der Zuverlässigkeit der Begleitung Gottes. Eben noch hungernd, machen sie die Erfahrung, Nahrung in ausreichender Menge zu bekommen. Wachteln kommen, als seien sie vom Himmel gefallen, und honigsüßes Manna liegt unverhofft in Hülle und Fülle auf dem Boden. Doch das dadurch gestärkte Vertrauen reicht nicht, um dem Bedürfnis zu widerstehen, sich selbst abzusichern. Die Israeliten wollen Vorsorge betreiben und müssen die Erfahrung machen, dass ihre Bemühungen nichts wert sind: Das gehortete Manna verdirbt noch am selben Tag. Es gilt, eine Haltung zu erlernen, in der sie sich mit offenen Händen immer wieder neu Gott zuwenden und darauf vertrauen, mit dem, was zum Leben nötig ist, versorgt zu werden.

Der entsprechende Teil der Geschichte könnte wiederum erzählt oder aus „Wie Feuer und Wind" gelesen werden . Nachdem die Kinder hinterher spontan Eindrücke zur Geschichte äußern können, könnte folgender Impuls helfen, dem fehlenden Vertrauen der Israeliten nachzuspüren:

☺ Gibt es Gründe dafür, dass manche Israeliten versuchen, einen Vorrat an Manna anzulegen?

Es geht nicht darum, diese moralisch zu bewerten, sondern sie aufzudecken und eine Perspektive des Vertrauens als Chance dagegenzusetzen. Dies könnte dadurch geschehen, dass aus der Sicht Moses mutmachende Vertrauensworte formuliert werden. Die Kinder könnten aufgefordert werden, diese selbstständig zu formulieren:

☺ Mose möchte den Leuten helfen, Gott zu vertrauen. Er überlegt sich einige Sätze, die er ihnen sagen kann. – Schreibe solche Sätze für ihn auf.

Zum Vorlesen oder Erzählen

Wir wandern weiter und weiter. Nichts als Wüste ist um uns her.
Der Zug kommt langsam und schleppend voran. Josua, sagt Mose,
was sagen Israels Kinder? Ich höre doch, wie sie flüstern und murren. –
Herr, sie hungern, sag ich. Finde Speise für sie, mach sie satt.
Sonst zweifeln sie an der Macht deines Stabs.

Und du, Josua?, fragt Mose, wie ich es erwarte. Du trägst den Stab, Herr, antworte ich.
Dir fällt schon was ein. Aaron kommt und flüstert. Mose nickt und in seinen Augen
brennt helles Feuer. Lagert euch, befiehlt er plötzlich. Josua, an diesem Ort wollen
wir bleiben, bis Israel lernt, auf Gott zu vertrauen.

Was willst du von uns, Mose?, fragen die Alten, als unsere Zelte schon stehen.
Warum hast du uns aus Ägypten geführt? Damit wir hier in der Wüste vergehen?
Ach, hättest du uns doch in Ruhe gelassen! Pharao zu dienen war hart.
Nichts zu essen und zu trinken ist härter.
Mose antwortet nicht. Aaron, sagt er und hebt den Stab.

So spricht Gott, sagt Aaron. Ich habe das Murren meiner Kinder gehört. Ich bin, der ich bin,
und ich mache sie satt. Am Abend gibt's Fleisch und morgens Brot. Aber ich will:
Sie sollen mir endlich trauen. – Ja, sagen die Alten. Sind wir erst satt, so wollen wir Gott
wieder loben. Da lodert das Feuer in Moses Augen noch mehr.

Eine Wolke zeigt sich am Himmel, wo vorher nichts war als nur Blau. Gott!, ruft Mirjam.
Seht, da ist Gott! Er verhüllt sein Gesicht, weil ihr so misstrauisch seid. Ich sehe ihn, sagt
Mose betroffen. Er senkt seinen Stab. Da, plötzlich, fällt ein Schwarm Wachteln hernieder.
Wir müssen nichts tun, als sie fangen und braten.

Am anderen Morgen, als wir erwachen, glänzt es wie Tau um uns her. Rund und klein liegen sie da, weiße Scheiben wie Naschwerk. Mirjam, die Seherin, ist die Erste, die davon probiert. Süß wie Honig und knusprig wie Keks, ruft sie laut. Nennt es Manna – und dankt dafür Gott. Sagte nicht Gott: Und morgen gibt's Brot?

Er sagte noch mehr, ruft Aaron an Moses Seite. Hört, was Gott sagte, als er mit Mose allein war. So spricht Gott, sagt Mose mit eigener Stimme. Damit ich sehe, dass ihr mir traut: Nehmt das Brot, das ich euch schenke. Nehmt, so viel ihr braucht, für einen Tag. Neu will ich geben, Tag für Tag.

Sie staunen und jubeln und loben Gott. Aber, ach Gott, ich sehe auch, was sie tun. Nicht alle trauen auf Gottes Wort. So mancher nimmt heimlich, so viel er findet, für zwei oder drei Tage und mehr. Wer weiß schon, was morgen geschieht?, hör ich sie flüstern. Gott hat es gesagt, denke ich traurig. Aaron und Mose verrate ich nichts.

In der Nacht hört man es in den Zelten lärmen und fluchen. Igitt!, höre ich rufen. Überall Würmer!, flüstern Israels Kinder, unsanft vom Schlaf erwacht. Merkt ihr nicht, wie es stinkt? Mose wird wach. Josua, sagt er. Was ist da los? Herr, sage ich, sie haben zu viel gesammelt. Über Nacht wird es schlecht.

Narren! Selbst im Dunkel des Zelts sehe ich seine Augen blitzen. Herr, sage ich, sie haben Angst. Müssen sie Angst haben, Josua, wenn Gott ihnen schenkt? Herr, sage ich, sie sehen ihn nicht so wie du. Da ist er still und ich glaube, er schläft. Am Morgen geht er durchs Lager. Trau doch auf Gott, sagt er jedem. Neu – Tag für Tag.

Lied

Behüte uns, Gott (EG 171) mit verändertem Text
(B. Peters) und Bewegungen:

Behüte uns, Gott,	(Hände über dem Kopf halten)
bewahre uns, Gott	(Hände vor Brust kreuzen)
sei mit uns auf unseren Wegen.	(Arme öffnen und nach vorn strecken)
Wenn Schritte wir gehn,	(Schritte auf der Stelle machen)
Lass uns auch verstehn,	(mit dem Finger ein „Aha-Zeichen" am Kopf zeigen)
dass du bist da mit deinem Segen.	(große Bewegung vom Kopf aus mit beiden Händen machen)

Wüste

M18

Weit ist die Wüste, weit und leer.
Heiß ist es und es gibt keine Schattenplätze.
Wie mag es sein, allein durch eine Wüste zu wandern?

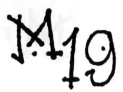

In der Wüste – Psalmworte

Er ließ sein Volk ausziehen wie Schafe
und führte sie wie eine Herde in der Wüste;
und er leitete sie sicher,
dass sie sich nicht fürchteten. Psalm 78,52–53

       Er öffnete den Felsen, da flossen Wasser heraus,
       dass Bäche liefen in der dürren Wüste. Psalm 105,41

Die irregingen in der Wüste, auf ungebahntem Wege,
und fanden keine Stadt, in der sie wohnen konnten,
die hungrig und durstig waren
und deren Seele verschmachtete,
die dann zum Herrn riefen in ihrer Not,
und er errettete sie aus ihren Ängsten. Psalm 107, 4-6

Wir wählen Nr. _____

Von Gott wird erzählt:

_____

_____

_____

_____

_____

_____

_____

_____

Ich fühle mich begleitet, wenn ...

M 20

Ich fühle mich begleitet, wenn ...

8 | Auf der Suche nach Halt sein – wenn man sein Herz an etwas festmachen möchte

Während Mose unbegreiflich lange auf dem Berg bleibt, erinnern sich die Israeliten der auf der langen Reise wahrgenommenen Götterkulte: Während sich der eine von ihnen geglaubte Gott nie direkt zeigt, hatten schon die Ägypter Götterfiguren, die konkreter, vorstellbarer waren und direkt angesprochen werden konnten. Ihr Gott führte durch Höhen und Tiefen und war doch nie verfügbar. Er zeigte sich als ein Gott der Verheißung, dem vertraut werden musste. Was, wenn dieses Vertrauen keine wirkliche Begründung hatte?

Plötzlich war auch ihr Anführer nicht mehr für sie ansprechbar. Was, wenn sie auf den falschen Gott und den falschen Anführer gesetzt hatten? Da wird es verständlich, dass bei allem Zweifel Aaron sich erweichen lässt und dass mit seiner Einwilligung eine goldene Götterfigur entstehen kann – ein goldenes Kalb nach langer Zeit der Bilderlosigkeit. Diese kostbare Figur vermittelt den Eindruck, man könne sich ein Bild machen von einem sinngebenden Gegenüber. Leuchtend im Sonnenlicht, bringt sie Glanz in den etwas farblos gewordenen Alltag. Tanz und Jubel löst sie aus, denn man glaubt, sich an ihr festhalten zu können.

Anzubetende Götterfiguren begleiten unseren Alltag eher weniger. Doch dem tiefen Wunsch, uns an etwas festhalten zu wollen, auf materielle Reichtümer hinzuarbeiten oder auch ideelle Ziele zu erreichen, widersetzen wir uns häufig nicht. Halt und Sicherheit haben zu wollen in einer immer undurchsichtigeren, doch globaler vernetzten Welt ist ein verständlicher Herzenswunsch vieler Menschen. Was trägt uns und was gibt wirklich Halt?

Es lohnt sich für uns Erwachsene wie auch gemeinsam mit Kindern, dieser Frage offen und ehrlich nachzugehen, ohne zu vorschnellen, moralisch geprägten Antworten zu gelangen. Wenn es uns gelingt, im Religionsunterricht die Kinder sensibler zu machen für die Frage nach dem Sinn, nach materiellen und immateriellen Werten und für die Frage nach Gott, haben wir viel erreicht.

Gott kann man nicht sehen

Die Frage, ob es Gott gibt, obwohl man ihn nicht sehen kann, beschäftigt viele Kinder schon im Grundschulalter. Vorstellungen von einem Gott, der menschenähnlich aussieht und über den Wolken im Himmel wohnt, begegnen uns in den ersten Klassen immer wieder. Dagegen allerdings stehen rationale Anfragen von Erwachsenen, Weltraumbilder aus den Medien und manchmal eine übernommene grundsätzliche Ablehnung, sich die Existenz Gottes überhaupt zu denken. Es gilt, Kindern aus anthropomorphen Gottesvorstellungen herauszuhelfen und ihnen anzubieten, sich Gott eher durch Erfahrungen vorstellbar zu machen. Eine dementsprechende Möglichkeit könnte durch den Einsatz der leicht veränderten Geschichte „Wo wohnt Gott?" von Regine Schindler (🖱) sein. Hier wird von einem kleinen Jungen erzählt, der sich nachts auf die Suche nach Gott macht und schließlich in einem Traum Gott bis zum Himmel immer näher kommt. Am Ende muss er feststellen, dass Gott auch über den Wolken nicht zu finden ist. Im Gespräch mit seinen Eltern wird ihm schließlich bewusster, dass Gott als Schöpfer und durch Erfahrungen mit Menschen zu erleben ist.

Möglicher Verlauf

Zur Einführung in die Frage nach Gott könnte die Geschichte genutzt werden. Das Vorlesen könnte an der Stelle unterbrochen werden, an der Benjamin auf einem Berg angekommen ist. Die Kinder könnten überlegen, wie die Suche nun weitergehen und wo Benjamin schließlich Gott finden könnte. Erfolgen diese Überlegungen schriftlich, so zeigen die Ergebnisse einen guten Überblick über die zu diesem Zeitpunkt bei den jeweiligen Kindern ausgeprägten Gottesbilder. Das Arbeitsblatt **M21** könnte dafür genutzt werden.

Das Lied „Gott kann man nicht malen" (S. 88) ergänzt die Aussagen des Buches und könnte den Abschluss dieser Stunde bilden.

In der Folgestunde könnte entweder gemäß „Gott kann man nicht malen" die Vorstellung von Gott als dem Schöpfer in einem Gespräch und durch Betrachtung der Natur vertieft oder auf verschiedene Gottesmetaphern eingegangen werden. Angeregt durch die Fragen dieses Liedes könnten die Kinder selbst Fragen entwickeln, in denen sie selbst Metaphern für Gott benutzen.

Zum Vorlesen oder Erzählen

Wie an vielen Abenden liegt Benjamin in seinem Bett und kann nicht einschlafen. Über vieles denkt er nach. An seiner Wand hängt das Bild eines Astronauten. „Lieber Astronaut", flüstert Benjamin, „erzähl mir vom Himmel." Und dann stellt Benjamin sich vor, dass der Astronaut erzählt: Von der Rakete, vom Mond und davon, wie die Erde von weitem aussieht. „Und den lieben Gott, hast du den gesehen im Himmel?", fragt Benjamin. Aber bei dieser Frage scheint der Astronaut nur zu lachen. Benjamin ist traurig. Er möchte alles wissen über Gott.

Die Straßenlaternen leuchten nicht mehr. In den Häusern sind keine Lichter zu sehen. Alle Menschen schlafen. Benjamin tritt ans Fenster. Noch nie hat er den Nachthimmel so gut gesehen. Der Himmel ist ganz schwarz. Die Sterne aber leuchten hell, als ob sie mit goldenem Garn auf schwarzen Samt gestickt wären. Und plötzlich ist Benjamin überzeugt: „Ich muss es besser sehen, dieses Kleid. Ich will in den Garten gehen. Ich will es anfassen, riechen und fühlen." Benjamin schlüpft in seine Gummistiefel. Ganz leise schließt er die Wohnungstür von innen auf und schleicht die Treppe hinunter. Er hört den Dackel im Erdgeschoss. Er brummt im Traum. Wenn er nur nicht aufwacht und bellt! Die dunkle Nacht ist unheimlich. Die Geräusche sind fremd und gefährlich. Vor lauter Büschen kann man im Garten den Sternenhimmel gar nicht sehen. Zum Glück steht die Leiter im großen Birnbaum. Benjamin freut sich: „Dort oben werde ich dem Himmel am nächsten sein. Vielleicht kann ich das Kleid des lieben Gottes berühren!" Benjamin steht ganz oben auf der Leiter. Aber der Sternenhimmel ist immer noch gleich weit weg. Die Vögel, die im Baum geschlafen haben, sind erwacht. Sie sind aufgeregt, weil sie mitten in der Nacht Besuch bekommen haben. Benjamin seufzt: „Hätte ich Flügel wie ihr, kleine Vögel, dann könnte ich bis zum Himmel fliegen!" Doch die Vögel erklären: „Auch wir können nicht bis zum Himmel fliegen. Er ist zu hoch. Unsere Flügel sind zu schwach. Aber dort in der Ferne, dort hinten, wo unser Fluss herkommt, dort soll es einen großen Berg geben, einen Berg, der bis zum Himmel reicht." „Danke, liebe Vögel, ich will den Berg suchen!"

Benjamin klettert vom Birnbaum hinunter. Ganz alleine verlässt er den Garten. Er geht durch die einsamen, dunklen Straßen der Stadt. Er findet den Weg hinunter zum Fluss. Es ist eine wunderbare Nacht. Der Junge hat gar keine Angst mehr. Er kommt so schnell voran, als ob er Siebenmeilenstiefel anhat. Er hüpft den Fluss entlang: seine Schritte sind leicht und schnell. Immer dem Flusslauf entgegen. Der Fluss wird kleiner. Er wird ein Bach und Benjamin denkt: „Bald bin ich da, wo der Fluss herkommt. Bald bin ich beim Berg, der bis zum Himmel reicht." Langsam verblassen die Sterne. Der Himmel ist nicht mehr schwarz. Häuser, Bäume, Fabriken und Kirchtürme werden in der Dämmerung sichtbar. Lastwagen rattern. Ein Hahn kräht. Der Morgen kommt. Und Benjamin hüpft weiter. Er ist nicht müde. Der Berg vor ihm wird immer größer und höher. Er ist schon ganz nahe. Am Fuß des Berges steht eine kleine rote Seilbahn. Benjamin kann sich heimlich zwischen Paketen, die gerade eingeladen werden, verstecken. Bald werden die Schiebetüren zugeknallt. Die Bahn ächzt langsam den Berg hinauf. Da muss Benjamin niesen. „Ist da jemand?", fragt der Seilbahnführer. Benjamin streckt seinen Kopf hinter einem dicken Sack heraus. „Ja, wohin willst du denn, kleiner Mann?", fragt der Mann. „Ich will hinauf auf den Berg. Ich suche den lieben Gott!", antwortet Benjamin. „Den lieben Gott? Da weiß ich nicht, ob du auf dem richtigen Weg bist. Ich habe ihn noch nie gesehen." Als die Bahn anhält, bedankt sich Benjamin beim Seilbahnführer und klettert dann wie eine Ziege weiter den Berg hinauf. Immer felsiger, immer steiler wird es. Benjamin will möglichst schnell auf dem Gipfel sein. Von dort will er in den Himmel steigen.

Endlich ist er oben. Die Dörfer und Städte sind weit weg, wie Spielzeug, so klein. Wolkenfetzen hängen über und unter ihm. Und der Himmel? Weit, weit weg ist der Himmel. Er scheint noch weiter weg als zu Hause. Benjamin ist müde und er ist auch traurig. Tränen stehen in seinen Augen. Da beginnt der Wind kräftig zu blasen. Zuerst schwankt Benjamin. Dann wird er empor getragen in die Lüfte, fort vom sicheren Boden, auf den Himmel und die Sonne zu.

Benjamin jauchzt vor Freude. „Ich danke dir, lieber Wind, dass du mich zu Gott in den Himmel bläst!" Mitten auf einer Wolke setzt der Wind Benjamin ab. „Ihr großen weichen Wolken, habt ihr den lieben Gott gesehen? He, ihr glitzernden Regentropfen, kommt ihr aus der Gießkanne des lieben Gottes?" Benjamin bekommt keine Antwort. Er hört nur ein fernes Grollen. Immer schwärzer werden die Wolken. Es donnert laut. Die Blitze leuchten heller als der Vollmond in der Nacht. Benjamin ruft, so laut er kann: „Ihr Blitze, kommt ihr aus dem Himmel? Habt ihr den lieben Gott gesehen?" Wieder beginnt der Wind heftig zu blasen. Er trägt Benjamin sehr weit durch die Luft und setzt ihn auf einer herrlich duftenden Blumenwiese ab. Benjamin glaubt, der Wind habe ihn auf eine Himmelswiese getragen und fragt: „Ihr Himmelsblumen, kennt ihr den Weg zum lieben Gott?" „Lieber kleiner Mann", antwortet eine Blume, „ich bin keine Himmelsblume, sondern eine ganz gewöhnliche Glockenblume. Ich weiß vom lieben Gott nichts anderes, als dass er mich und all die anderen Blumen rundum gemacht hat." Da schaut Benjamin um sich. „Ja, der liebe Gott muss ein Künstler sein, wenn er so schöne Blumen machen kann!"

Als Benjamin sich noch genauer umschaut, sieht er ein Haus. Es ist ein Haus mit blauen Fensterläden, ein Haus, vor dem ein alter Birnbaum steht. An dem Birnbaum lehnt eine Leiter. Und Benjamin denkt: „Das ist ja mein Haus!" Und er merkt: „Die Frau, die über die Blumenwiese auf mich zukommt, ist meine Mama. Der Mann hinter ihr ist mein Papa." Da wird ihm ganz warm. Er ist froh und stürzt auf seine Eltern zu. Dann erzählt er von der wunderbaren Nacht. Er erzählt vom Berg, von der Seilbahn und von seinem Flug auf der Wolke. „Und jetzt weiß ich: Gott ist nicht nur da oben im Himmel!" „Vielleicht hast du Recht, Benjamin. Früher sagten die Menschen: Gott wohnt oben im Himmel. Doch niemand hat ihn gesehen. Du kannst aber sehen, was Gott alles gemacht hat", sagt der Vater. Und Benjamin ruft: „Oh ja, er macht Sterne und den ganzen Himmel, die Wolken und Blitze und all die schönen Blumen." „Und er hat die Menschen gemacht. Den Menschen ist er besonders nahe. Gott wohnt nicht irgendwo da oben, weit weg von dir und mir. Er wohnt auch bei dir und mir, bei allen Menschen! Er macht, dass wir uns lieb haben. Er hat uns alle lieb." „Und ich hab euch lieb, Mama und Papa!", sagt Benjamin. Nacheinander umarmt er seine Eltern. Er denkt nach. „Ja", flüstert er, „das Liebhaben sieht man auch nicht gut, aber man spürt es." Die Eltern nehmen Benjamin an die Hand und gehen mit ihm ins Haus. Benjamin spürt: Gott ist da wie Mama und Papa. Und mit Gott kann man reden wie mit den Eltern. An diesem Abend spricht er in seinem Bett lange mit Gott.

Regine Schindler: Benjamin sucht den lieben Gott, Lahr 1979, © Verlag Ernst Kaufmann

 ## Woran mein Herz hängt

Sicherlich ist es nicht kindgemäß, von Grundschülern zu erwarten, reflektiert und differenziert darüber nachzudenken, in welchen Abhängigkeiten sie ihr Leben verbringen. Materielle, personenbezogene oder ideelle Abhängigkeiten können von Kindern noch nicht abstrahiert wahrgenommen werden. Doch mit Kindern konkret zu bedenken, wie sie ihre Zeit aktiv gestalten und welche Beweggründe sie zu liebgewonnenen Tätigkeiten und Verhaltensweisen führen, kann im Laufe der Zeit ihre Sensibilität für sich selbst stärken.

Möglicher Verlauf

Ein Zugang für die Klasse könnte dadurch geschaffen werden, dass mit dem Herz als Symbol gearbeitet wird. Zunächst könnte ein großes Pappherz als stummer Impuls in die Mitte gelegt oder an die Tafel geklebt werden. Nach spontanen, vielleicht auch etwas belustigten Äußerungen der Kinder könnte der Impuls: „Jemand sagt: *Ich habe ein Herz für …* – Verstehst du, was er meint?" Einige Kinder werden mögliche Bedeutungen schnell erklären können, so dass konkret überlegt werden kann: „Wofür hast du ein Herz?" Soll die Gesprächsphase nicht zu lang sein, könnte hier eine Arbeitsphase eingebaut werden, in der die Kinder auf ein Blatt in Herzform (**M22**) eigene Einschätzungen schreiben. In einem Folgeschritt könnte eine Weiterführung versucht werden, die aber sicherlich nur in leistungsstarken und entwicklungsfortgeschrittenen vierten Klassen möglich ist:

An das Herz in der Mitte wird mit einem Band z.B. eine Computer-Abbildung gehängt. Wieder können sich die Kinder spontan äußern, bevor ggf. durch einen Impuls eine eher kritische Denkrichtung vorgegeben wird: „Ich kenne jemanden, der sagt, sein Herz hängt an einem Computer." Die Kinder können nun – in die Perspektive dieses Jemand hinein – überlegen, wie der Ausspruch gemeint sein könnte und wie dieser Jemand seine Situation selbst bewerten könnte. Anschließend könnten weitere Beispiele dafür gesucht werden, inwiefern ein Herz an etwas hängen kann. („Hast du Ideen, woran ein Herz noch hängen kann?"). Die Kinder werden verschiedene Beispiele finden, ohne dass sie gezwungen sind, eigene Befindlichkeiten Preis zu geben und vorschnelle Bewertungen vorzunehmen. Die Frage: „Woran hängt dein Herz" sollte nur, wohlüberlegt eingesetzt, als Gedankenanregung dienen und nicht unbedingt ausführlich im Gespräch erörtert werden. Evtl. könnte der Ausspruch „Woran du dein Herz hängst, das ist dein Gott" (Martin Luther, in der Auslegung des 1. Gebots im Großen Katechismus) einem weiterführenden Gespräch dienen.

Mose auf dem Berg Sinai

Der Berg Sinai wird zum Ort der Nähe Gottes zu Mose. Er wird auch zum Ort des Misstrauens und der Orientierungslosigkeit der Israeliten. Und er wird zu dem Ort, an dem Gott durch die wiederholt gegebenen 10 Gebote seinem Volk entgegenkommt und ein gemeinsames Leben ermöglicht.

Die Geschichte ist schon im Urtext so erzählt, dass Mose eine exklusive Rolle übernimmt, als er Gott auf dem Berg näher tritt. Als Leser oder Hörer bleiben wir in Gedanken bei den Israeliten unten am Berg und erfahren nichts Genaueres über die Begegnung Moses mit Gott. So bietet es sich an, den Kindern die Geschichte so weiterzugeben, dass an dieser Stelle die Nähe Gottes für die Beobachtenden schwer nachvollziehbar bleibt. Genau so, schwer nachvollziehbar, erscheint uns die Nähe Gottes in unserem Alltag eben auch. Gerade darüber ins Gespräch zu kommen, könnte – falls die Kinder diesen Aspekt aufgreifen – zu interessanten, authentischen Äußerungen führen.

Als Textgrundlage eignet sich die Erzählung aus „Wie Feuer und Wind" (🖼) oder eine freie Lehrererzählung, bei der auch aus der Perspektive Aarons, Josuas oder eines fiktiven Israeliten erzählt werden könnte.

 Zum Vorlesen oder Erzählen

Wir wandern weiter und weiter. Noch immer umgibt uns die Wüste.
Und mittendrin ist ein Berg. Gottes Berg, sagt Mirjam. Dort werden wir lange bleiben. –
Josua, sagt Mose, was sagen Israels Kinder? Ich höre doch, wie sie flüstern und murren. –
Nein, Herr, sie murren nicht, sage ich. Sie sind selbst zum Murren zu müde.

Und du, Josua?, fragt Mose. Herr, deine Schwester sagt: Der Berg vor uns ist Gottes Berg.
Was wird uns da geschehen? – Gott will sich zeigen, antwortet Mose.
Damit Israels Kinder lernen: Trauen auf Gott, der ihr Schreien hört wie ihr Murren.
Und nimmt sich ihrer an. Wird er uns schlagen, Herr?, frage ich angstvoll.

Das kommt darauf an, sagt Mose, ob sie ihn hören. Gott schlägt nicht. Er spricht,
sagt Aaron. Wir dürfen ihm nicht zu nahe treten, sagt Mirjam mit fernem Blick.
Ich weiß, sie sieht Bilder, die Seherin. Hört, was Gott tut, ruft sie laut:
Er macht einen heiligen Kreis um den Berg. Wer ihn verletzt, ist des Todes.

Sage uns, Mose, fragen die Alten, als unsere Zelte schon stehen.
Was bedeutet für uns dieser Berg, von dem Mirjam sagt: Es ist Gottes Berg?
Was sollen wir hier und was wird uns geschehen? Wir fürchten den Gott,
der stark genug war, so viele Wunder zu tun. Ägypten und Amalek schlug er.
Was aber tut er mit uns?

Mose antwortet nicht. Aaron, sagt er und hebt den Stab. So spricht Gott, sagt Aaron.
Bis hierher habe ich euch geleitet. Ich bin, der ich bin, und ich habe euch wieder
und wieder gerettet. Darum frage ich euch – und wenn ihr antwortet, zeigt eure Gesichter:
Wollt ihr für immerzu mir gehören und trauen auf mich ganz allein?

Eine Wolke zeigt sich über dem Berg, wo vorher nichts war als Himmel. Gott, ruft Mirjam.
Seht, da ist Gott! Da fährt er nieder auf seinen Berg in einem Wolkenkleid.
Tretet ihm nur nicht zu nah! Seht doch, wie groß er ist, mächtig. Gewaltig!
Den ganzen Berg hüllt er ein, Blitzesind seine Begleiter! Und seine Stimme ist Donnerhall.

Mose, flüstern die Alten erschrocken. Bitte, Mose, sprich du! Geh hin und antworte Gott.
Sage ihm: Ja, wir wollen zu Gott gehören, und ja, wir trauen auf Gott allein.
Wir werden bleiben und warten, was auch geschieht. Da nimmt Mose den Stab.
Josua, sagt er. Wahre die Ordnung im Lager. Und fürchte dich nicht.

Aaron geht an Moses Seite. So ist es immer gewesen. Doch da bleibt Mose stehen und
wehrt ihn ab. Nein, mein Bruder, diesmal nicht. Gott ruft mich allein. Wie damals,
du weißt es, im Dornbusch. Bleibe und warte auf mich. Ich werde dir später alles erzählen.
Stumm wendet Aaron sich ab. Ich sehe, Mose hat ihn verletzt.

Die Bilder, die Mirjam gerufen hat, sind mir verloren gegangen. Keine Wolke mehr,
keine Blitze. Da ist der Berg, mächtig und schroff, und Mose mit seinem Stab.
Ich zittere, als ich ihn fortgehen sehe. Er ist so allein. Ich fürchte, er kommt als ein
anderer wieder. Wird er dann alles besser wissen und aufhören mich zu fragen?

 ## Das goldene Kalb

Die Israeliten am Fuße des Sinai spüren nicht die Nähe Gottes, sondern wollen sich ein Bild von Gott machen. In dieser Geschichte drückt sich eine tiefe menschliche Sehnsucht nach einem fass- und sichtbaren Anhaltspunkt für den Glauben aus. Gerade für Kinder kann das Bild des goldenen Kalbes eine gute Ausdrucks- und Verständnishilfe für diese Sehnsucht sein, der sie vielleicht im Laufe ihres Lebens auf die Spur kommen.

Insofern lohnt es sich, diese Sequenz von der Erstellung des Götterbildes so zu erzählen, dass sie den Kindern bildhaft in Erinnerung bleiben kann („Wie Feuer und Wind" 📠 oder als freie Erzählung).

Im Anschluss bietet es sich an, den Kindern Zeit zu geben, um das Götterbild selbst in Gold zu gestalten. Das Deckblatt des Kapitels (S. 80) gibt die Abbildung von Menschen vor, spart aber das Götterbild in der Mitte aus. Hier könnten die Kinder selbst mit goldener Farbe malen oder mit Goldpapier eine Figur nach ihren Vorstellungen bekleben.

Zum Vorlesen oder Erzählen

Er kommt nicht wieder. Wir warten und bleiben. Singend loben wir Gott. Aber Mose kommt nicht wieder. Gott hat Mose allzu gern, sagen die Alten. Er wird ihn behalten. Unsinn!, ruft Mirjam durchs Lager. Was sind denn Tage vor Gottes Gesicht? Ein Menschenleben ist Gott wie ein Tag. Mose ist noch nicht lange fort. Kommt, lasst uns tanzen!

Er kommt und kommt nicht wieder. Wir warten. Murmelnd bitten wir Gott: Lass Mose gehen. Kann es sein, sagen die Alten: Gott will uns strafen? Er hat uns geprüft, doch wir versagten. Darum nimmt Gott uns den Stab weg und seinen Träger und lässt uns allein. Ein Opfer, ruft Mirjam und zerreißt ihren Schleier. Gewiss: Mose könnte ein Opfer sein!

Er kommt und kommt und kommt nicht wieder. Weinend fragen wir Gott: Was soll denn nur aus uns werden? Die Alten bedrängen Aaron: Du und Mose, murren sie, warum habt ihr uns aus Ägypten geführt? Damit wir hier in der Wüste vergehen? Ach, es ist eine Falle! Der Gott, den ihr nennt *Ich bin da*: Er ist ohne uns weiter gezogen.

Er kommt nicht und kommt nicht und kommt nicht. Aaron, denke ich, sprich Gottes Wort. Mirjam, denke ich, zeige uns Bilder. Zeichen, sage ich beiden, wir brauchen ein Zeichen, dass Gott Israels Kindern noch nah ist. Sie hören und sehen ihn nicht so wie ihr. In Ägypten, sagt Mirjam langsam, da hatten die Götter goldene Bilder ...

Hört, was wir tun!, ruft Mirjam durchs Lager. Wir machen uns ein Bild von Gott. Kommt er nicht, so holen wir ihn. Gebt Schmuck und Gold, was ihr auch habt. Wir machen daraus einen Gott, der uns niemals verlässt. Auf den wollen wir bauen. Ich merke: Aaron steht schweigend dabei. Nur weil er es nicht besser weiß, denke ich, macht er mit.

Ich sehe zu. Je länger ich zusehe, desto unruhiger bin ich. Sie schmelzen das Gold. Sie formen Körper und Kopf, vier Beine dazu – es sieht aus wie ein Kalb. So sieht Gott nicht aus, sage ich. Es ist ein Zeichen, Josua, sagt Aaron. Wir wissen es nicht besser. Dann sollten wir es lassen, denke ich. Ich bin nicht sicher genug, es zu sagen.

Ob vier oder zwei Beine, sagt Mirjam rasch, es ist unser Gott und wir wollen tanzen! Kommt, lasst uns feiern! Wir sind nicht mehr allein. *Ich bin, der ich bin, und ich bin da*, sagt Gott, und seht: Da ist er! Sie trägt das goldene Kalb auf ihren Armen und setzt es mitten ins Lager. Und alle – außer mir – tanzen!

 ## Zorn und zerschmetterte Steintafeln

Entsetzt und zornig kommt Mose vom Berg herunter. Das Misstrauen und die Neuorientierung seines Volkes erschreckt und erbost ihn. Seine Wut drückt er durch das Zerschmettern der Steintafeln aus und macht gleichzeitig deutlich: So ist kein Bund mit Gott möglich. So ist die Beziehung zerstört. Letztendlich kann seine Reaktion die Frage der Israeliten hervorrufen: Warum vertraut ihr eigentlich nicht?

Für Kinder ist sowohl die Wut des Mose nachvollziehbar als auch die mögliche Reaktion einzelner Israeliten auf Moses Wutausbruch. So könnte eine Umsetzung im Unterricht dadurch geschehen, dass nach der Erzählung der Geschichte () zunächst einzelne Kinder Mose spielen dürfen und ihm dabei Worte des Zorns in den Mund legen. Im Anschluss daran könnten die Kinder zu zweit oder dritt ein kleines szenisches Spiel selbstständig erarbeiten, in dem Mose und ein bis zwei Israeliten miteinander ins Gespräch kommen und sich ihre Gedanken zum Vorfall mitteilen. Am Ende der Sequenz könnte der 8. Teil des Mose-Liedes (M2) gesungen werden.

 Zum Vorlesen oder Erzählen

Ich sehe ihn als Erster. Er kommt, er kommt wieder! Mose, mit großen Schritten. Glanz auf seinem Gesicht und helles Licht in den Augen. Im Arm trägt er zwei Tafeln aus Stein und im Herzen, das seh ich, unendliches Staunen. Herr!, flüstere ich. Näher bei Gott ist wohl keiner. Da sieht er, was Israels Kinder tun und steht still.

Es ist furchtbar zu sehen, wie er sich wandelt. Das Licht in den Augen wird loderndes Feuer. Der Glanz flieht vom Gesicht. Finsternis legt sich darüber. Er hebt beide Arme und öffnet den Mund. Verflucht, ruft er laut. Wisst ihr, was ihr tut? Er schmettert die beiden Tafeln zu Boden. Da stehen die Tanzenden still.

Feuer, sagt Mose. Macht mir ein großes Feuer. Die Kinder Israels folgen ihm, ohne zu fragen. Er sieht so zornig aus, dass sie sich fürchten. Ich halte mich fern. Ich sammle die Scherben der Tafeln. Aaron und Mirjam stehen bei Mose, die Blicke gesenkt, die Hände wie bittend geöffnet. Das Feuer brennt.

Da nimmt Mose das goldene Kalb und schleudert es selbst in die Flammen. Warum?, flüstert Aaron. Es war nur ein Zeichen. Mirjams Augen sind groß und weit offen. Nein, sagt sie, jetzt sehe ich es: Wir haben Gott sehr verletzt. Er selbst hat uns und die Welt gemacht. Wie konnten wir's wagen, uns einen Gott zu machen?

Du sollst dir kein Bild machen von Gott, sagt Aaron laut. Auf einmal ist er wieder Moses Mund. Gott ist anders als jedes Bild. Täusche dich nicht: Du kannst Gott nicht holen noch halten. Er geht und er kommt, wie er will. Er will nicht mehr, sagt Mose plötzlich. Er hat genug von euch. Untreu seid ihr und ohne Vertrauen.

Das Feuer ist verbrannt und das Kalb ist geschmolzen. Die Asche löst Mose in Wasser. Trinkt, befiehlt er Israels Kindern. Jeder soll trinken. – Warum?, fragen die Alten. Mose, wird es uns töten? Mose hebt seinen Stab und alle beginnen zu zittern. Trinkt, sagt Aaron. Er selbst trinkt als Erster. Wenn ihr getrunken habt, findet ihr Antwort.

Mirjam sieht Bilder, Feuer und Schwert. Die Rache des goldenen Kalbes! Brüder werden Brüder töten, ruft sie, und Söhne ihre Väter. Denn wie können Treue und Liebe gedeihen, wenn Gott, der ist, der er ist, nicht mehr da ist für uns? – Israels Kinder sinken betroffen zu Boden. Sie haben den Tod schon vor Augen. Narren, sagt Mose.

Er hält den Stab. Aaron: Glaubst auch du, du wirst sterben? – So spricht Gott, sagt Aaron laut. Euer Bild war kein Gott. Es kann weder helfen noch schaden. Wie könnte da seine Asche Macht haben über Leben? Doch weil ihr auf falsche Macht traut, nicht auf mich, und seid mir untreu geworden: Ich habe genug. Ich will mich nicht mehr mit euch plagen.

Mose, flüstern die Alten erschrocken. Bitte ihn, Mose, für uns! Geh noch einmal auf den Berg und sage zu Gott: Israels Kinder haben ihre Fehler erkannt. Wir wollen von nun an trauen auf Gott und in allem nur ihm angehören. Wenn er nur bei uns bleibt, so wie es war. – Mose nimmt seinen Stab. Josua, sagt er. Willst du mich begleiten?

Lied (Text: M23)

Gott kann man nicht malen

Text: Sybille Fritsch, Musik: Fritz Baltruweit, © Dagmar Kamenzky Musikverlag, Hamburg

Wo Benjamin Gott findet

M 21

Da steht Benjamin, mitten auf dem Gipfel des Berges. Er schaut
in den Himmel über ihm. Was meinst du: Wo findet er Gott?
Schreibe oder male deine Gedanken in die Gedankenblase.

M22

Ein Herz haben für ...

Wofür hast du ein Herz? Überlege und schreibe einige Ideen auf.

Gott kann man nicht malen

M 21

1 Gott kann man nicht malen,
   aber Gott malt die Welt!
   Die Kornblume blau wie das Himmelszelt,
   die Mohnblume rot, die Sonne hell-gelb,
   das Gras malt er grün und den Nebel grau.
   Wer hätte denn sonst die Farben erdacht?
   Gott hat sie gemacht.

2 Gott kann man nicht sehen,
   aber Gott sieht die Welt.
   Die Menschen sieht er unterm Himmelszelt, die Sorgen sieht er, und wenn du
   dich freust. Auch wenn du wegläufst,
   sieht er hinterher.
   Wer hätte denn sonst die Augen erdacht?
   Gott hat sie gemacht.

3 Gott kann man nicht hören,
   aber Gott hört dir zu.
   Du kannst ihn fragen. Er weiß, du bist du.
   Er hört die Bitten, er hört die Sorgen, er hört
   deine Angst, er hört auch noch morgen.
   Wer hätte denn sonst die Liebe erdacht?
   Gott hat sie gemacht.

4 Gott kann man vertrauen,
   denn Gott vertraut dir"
   Du kannst ihn fragen, er ist immer hier.
   Du kannst nichts hören, du kannst nichts
   sehen. Was Gott will, kannst du dennoch
   verstehn.
   Wer hätte denn sonst den Menschen
   erdacht?
   Gott hat ihn gemacht.

© Sibylle Fritsch, © Dagmar Kamenzky, Musikverlag, Hamburg

Kannst du dir noch eine Strophe ausdenken?

Gott _____

aber _____

_____

_____

_____

Wer hätte denn sonst ? _____

Gott hat _____

9 Gemeinsam nach Regeln leben – wenn man miteinander auskommen möchte

- Ich bin der Herr, dein Gott, der dich aus Ägyptenland geführt hat. Du sollst keine anderen Götter neben mir haben.
- Du sollst dir kein Bildnis machen von Gott.
- Du sollst den Namen des Herrn, deines Gottes, nicht missbrauchen.
- Du sollst den Feiertag heiligen.

- Du sollst deinen Vater und deine Mutter ehren.
- Du sollst nicht töten.
- Du sollst nicht die Ehe brechen.
- Du sollst nicht stehlen.
- Du sollst nicht lügen.
- Du sollst dir nichts aneignen, was dir nicht gehört.

Wer in Freiheit leben möchte, stößt schnell an Grenzen, wenn er die Freiheit der anderen nicht beachtet. Ein gemeinsames Leben in der Freiheit erforderte schon von den Israeliten zur Zeit des Mose, Regeln als Angebote für ein gelingendes Leben anzuerkennen. In der Geschichte werden diese Regeln von Gott eingesetzt und geschenkt. Dabei spielt sowohl die Beachtung der Anerkennung Gottes als der einzige Gott eine wesentliche Rolle als auch die Vorgabe verschiedener Regeln für das Miteinander der Menschen.

Die 10 Gebote haben sich als Regeln für ein gutes Miteinander über mehrere Jahrtausende hinweg weitervermittelt und spielen auch heute im christlichen Abendland eine wichtige Rolle.

Während in unserer Gesellschaft häufig von einem erschreckenden Werteverfall gesprochen wird, wird gleichzeitig in der Erziehung der Ruf nach klaren Regeln und klaren Grenzen immer lauter. Im Klassenalltag hat es sich durchgesetzt, Regeln und Rituale von der ersten Klasse an einzuführen und dadurch den Kindern Sicherheit zu vermitteln. Insofern kann im Rahmen des Religionsunterrichtes dazu beigetragen werden, gemeinsam über Sinn und Bedeutung von Regeln nachzudenken und ggf. eigene sinnvolle Klassen- oder Schulregeln oder allgemeine Regeln für ein gutes Miteinander zu formulieren. Ebenso kann auf die Einhaltung von Ritualen geachtet werden. Eventuell kann direkt thematisiert werden, dass es religiöse und kirchliche Rituale gibt, mit deren Hilfe Menschen ihr Leben strukturieren und auf Gott beziehen.

Gemeinsam ist nicht einfach

Um ein Bewusstsein dafür zu schaffen, dass ein gelingendes Miteinander verschiedener Absprachen und Regeln bedarf, genügt meistens schon, mit Kindern die Schwierigkeiten im Zusammenleben als Klasse in den Blick zu nehmen. Nach mancher großen Pause wird deutlich, wie groß der Gesprächsbedarf in Bezug auf Streitereien und Ärger ist. Daher könnte ein aktueller klassenbezogener Anlass genutzt werden, um zu benennen, inwiefern das Miteinander in einer Gruppe sich oft nicht einfach gestaltet.

In diesem ersten Unterrichtsschritt könnte es darum gehen, Erlebnisse benennen zu lassen, so dass Kinder auch möglicherweise vorhandenen Aggressionen Luft machen können. In einem nächsten reflexiveren Schritt könnte gemeinsam oder zunächst in Einzelarbeit allgemeiner überlegt werden: „Warum ist gemeinsam nicht einfach?"

Ist erst einmal ausgedrückt, was als schwierig erlebt wird, so könnte in einem nächsten Schritt überlegt werden, was ein gutes Miteinander ermöglicht bzw. erleichtert.

Das Lied „Wo ein Mensch Vertrauen schenkt" (S. 26) könnte eingesetzt werden, um über Vertrauen als Grundlage eines guten Miteinanders ins Gespräch zu kommen und das Bild der „Gärten" als Bild für wachsende Gemeinschaft zu deuten.

Was das Miteinander erleichtert

Hier geht es darum, mit den Kindern konkret zu überlegen, welche Absprachen bzw. anderen Faktoren ein gutes Miteinander prägen können. Dabei sollten nicht vorschnell Regeln besprochen werden, sondern es könnte die Chance genutzt werden, viel umfassender mit den Kindern zu überlegen, in welcher Umgebung sie sich wohl fühlen und anderen begegnen möchten.

Damit die Kinder angeregt werden, in Ruhe eigene Ideen zu entwickeln oder sich bewusst zu machen, könnte die Phantasiereise (🎵) in eine Traumschule eingesetzt werden. Anschließend könnten Ideen auf Pappstreifen geschrieben und vorgetragen werden.

Um die Ideen zu würdigen und zur weiteren Auseinandersetzung einzuladen, könnte am Ende ein großes Wandplakat entstehen, auf das die beschrifteten Streifen geklebt werden und das gemeinsam bemalt werden kann. Das Lied „Friede in unserem Haus" könnte unterstützend am Ende gesungen werden. (🎵)

Zum Vortragen und Bedenken

Hast du schon einmal darüber nachgedacht, wie deine Traumschule aussieht und wie man darin miteinander lebt und lernt?

Heute möchte ich dich in Gedanken mitnehmen an den Ort, an dem du deine Traumschule finden kannst. Mach es dir zuerst an deinem Platz bequem und schließe die Augen. Nun kann es losgehen: In Gedanken verlassen wir den Raum und das Schulgebäude. Auf dem Hof steht heute ein kunterbunter Reisebus für uns bereit. Jeder bekommt einen guten Platz, so dass die Reise gleich losgehen kann. Und schon startet der Busfahrer. Freundlich begrüßt er alle und spendiert für jeden ein leckeres Getränk für die Fahrt. Du bekommst dein Lieblingsgetränk und erfrischst dich.

Dabei siehst du aus dem Fenster und merkst, wie schnell der Bus unterwegs ist. Er fährt ruhig und sicher, kommt aber ungewöhnlich schnell voran. Felder und Wälder, Dörfer und Städte ziehen an den Fenstern vorüber. Du kannst kaum so schnell hinsehen, dass du alles erkennen kannst. „Bald sind wir da!", sagt der Busfahrer durch das Mikrophon. Dann stellt er Musik an, die du gern magst, so dass du ein wenig vor dich hin träumst.

Nach einiger Zeit siehst du den Bus in einen großen Park hineinfahren. Als du genauer hinsiehst, merkst du, dass hier überall tolle Spielplätze verteilt sind. Deine Lieblingsspielgeräte sind überall dabei, so dass du am liebsten sofort hier spielen würdest. „So, alle können aussteigen und sich hier umsehen!", sagt der Busfahrer. Du steigst aus und siehst ein sehr einladendes Gebäude. Ob das die Schule ist?

„Oh! Das ist ja ein tolles Haus!", hörst du ein anderes Kind rufen. Es hat schöne Farben und ist interessant gebaut.

In dem großen Park sind überall Klassen unterwegs, ohne dass es laut oder zu eng wäre. Es sieht so aus, dass den Kindern und den Lehrern der Unterricht viel Spaß macht. Auch aus dem Haus hört man Kinderstimmen. Durch ein Fenster siehst du, dass dort gerade etwas gemeinsam gebaut wird. Was man wohl noch so alles macht in dieser Schule?

Du gehst in das Haus und kannst in jeden Klassenraum sehen, denn keine Tür ist geschlossen. Was wird unterrichtet in diesen Klassen? Und warum macht es besonders viel Spaß? Du siehst dir alles genau an. Da, wo es am interessantesten ist, bleibst du eine Weile. Dann gehst du in den Park und spielst eine ganze Weile.

Schließlich hörst du die Hupe vom Bus und merkst, dass du dich verabschieden musst von dieser Schule. Du läufst zum Bus und setzt dich wie alle anderen auf deinen Platz. Und schon geht die Rückreise los.

Wieder fährt der Bus ganz ruhig und doch unglaublich schnell. Ehe du dich versiehst, hält er wieder vor deiner Schule. Du steigst aus, gehst durch das Schulgebäude in deinen Klassenraum zurück, setzt dich auf deinen Platz, reckst und streckst dich und öffnest langsam die Augen. Wie hat dir der Ausflug in die Traumschule gefallen?

Regeln zum Zusammenleben

Ist bisher in der Klasse nicht an Klassenregeln gearbeitet worden, so könnte gemeinsam an 10 verbindlichen Regeln für die Klassengemeinschaft gearbeitet werden. Hier bietet sich eine Gruppenarbeit mit nicht zu großen Gruppen an, so dass jedes Kind am Prozess beteiligt ist. Als Arbeitsauftrag könnte formuliert werden:

☺ Suche dir 3 Partner. Überlege mit ihnen gemeinsam, welche 10 Regeln ihr am wichtigsten für das Zusammenleben in der Klasse findet. Schreibt auf jeden Papierstreifen eine Regel.

Nach der Arbeitsphase sollten alle Ergebnisse vorgetragen und nach Möglichkeit strukturiert werden. Deshalb sollte für die Gruppenarbeit kein Din-A4-Blatt benutzt werden, sondern es sollte mit Papierstreifen und dicken Stiften gearbeitet werden.

Vielleicht gelingt es, durch Zusammenfassungen und Umformulierungen schließlich aus den Ergebnissen zehn Regeln für die Klasse aufzuschreiben und verbindlich zu machen.

Gott sorgt für ein gutes Zusammenleben: Die 10 Gebote

In der Bearbeitung für die Kinderbibel () ringt Mose auch insofern um gute Gesetze für sein Volk, als er versucht, die zerschmetterten Steintafeln wieder in der richtigen Reihenfolge zusammenzusetzen. Die Gebote sind hier jeweils am Anfang mit „Jeder achte auf" formuliert. Achtsamkeit zu lernen, ist sicherlich eine wesentliche Voraussetzung, um in einer Gemeinschaft zu leben. Sie setzt voraus, dass jeder den anderen und nicht nur sich selbst wahrnimmt.

Insofern könnte gerade die hier gewählte Formulierung dazu beitragen, dass Kinder Achtung vor dem Leben lernen und diese, auch auf sich selbst bezogen, nicht nur als ethische Forderung im Sinne einer Regel, sondern im Laufe der Zeit als Chance für das Leben begreifen.

Bevor die Geschichte vorgelesen oder erzählt wird, könnte ein kurzer fiktiver Dialog zwischen Mirjam und Aaron (M24) Schwierigkeiten des Zusammenlebens vor Augen führen. Im Anschluss könnte über das Wort Achtsamkeit (oder „achten auf") – in großen Buchstaben an die Tafel geschrieben – nachgedacht und gesprochen werden. Die Kinder könnten die Aufgabe erhalten, in die Rollen von Aaron und Mirjam zu schlüpfen und zu überlegen, worauf alle Israeliten achten sollten.

Wird die Geschichte erst danach vorgelesen, so werden die Kinder mit mehr innerer Beteiligung auf die von Gott gegebenen Gebote gespannt sein. Der Hörauftrag während des Vorlesens könnte sein:

☺ Überlege, über welche Regeln ihr für Mirjam und Aaron nicht nachgedacht habt. Versuche, dir einige Regeln zu merken.

Nach dem Zusammentragen und einem freien Gespräch über die Geschichte könnten in einer Folgestunde die Formulierungen der 10 Gebote, abgewandelt nach der Lutherübersetzung (M25), gemeinsam gelesen und in Bezug auf den Gottes- und Menschenbezug sortiert werden. Je nach zeitlichen Möglichkeiten könnte intensiver an den einzelnen Geboten gearbeitet werden. Für den Rahmen des Grundschulunterrichts reicht wahrscheinlich ein erstes Kennenlernen der Gebote aus. Zum Abschluss dieser Unterrichtssequenz könnte der neunte Teil des Mose-Liedes (M2) gesungen werden.

 Zum Vorlesen oder Erzählen

Ziehen und zelten, sagt Mose mir auf dem Rückweg. Ist es nicht das, was Gott stets von uns fordert? Zu zeigen: *Gott ist, der er ist,* und er ist für uns da – was wäre ein besseres Zeichen dafür als ein Zelt? Josua, wir müssen ein Zelt für Gott bauen, mitten im Lager. Dann kann er kommen und gehen.

Wir bauen ein Zelt für Gott und alle im Lager helfen dabei. Wir machen es größer und schöner als unsere eigenen Zelte. Innen ist eine Lade aus edlem Holz für die Gebote, die Mose noch einmal aufschreiben will. Und auf der Lade ein goldener Thron. Nur Mose und Aaron dürfen ihn sehen.

Im halben Dunkel des Zelts leuchtet der goldene Thron wie Gott selbst. Aber mich blendet er nicht. Ich weiß: Das Zelt ist leer. Ich kauere mich zu Füßen des Throns. Hier will ich bleiben und warten. Ich nehme den Beutel mit Scherben und schütte ihn aus, ohne Mose danach zu fragen. Ich tu es und weiß, es ist richtig.

Ich war lange bei Gott auf dem Berg, sagt Mose zu mir. Fragst du nicht, was mir geschah? Wie freue ich mich, dass er fragt. Herr, sage ich, es ist wohl für Worte zu groß.

Mose nickt. Ja, Josua. So viel aber doch: Die Gesetze, die Frieden geben mit Gott und untereinander – sie sind viele und schwer. Ich musste hart um sie ringen.

Sie sind nicht verloren, Herr, sage ich. Sieh, hier sind die Scherben der Tafeln. Mose kommt näher. Josua, sagt er. Das hast du gut gemacht. Lass uns mal sehen, was wir finden! Sieh, das ist der Anfang! Ich bin, der ich bin, und führte euch aus Ägypten. Traut doch auf mich – und keinen sonst: Ich werde euch weiter begleiten.

Traut doch auf mich, sage ich leise. Ja, sagt Mose, das ist das erste Gebot. Das zweite ist hier: Niemand außer mir, der Himmel und Erde gemacht hat, kann von sich sagen: Ich bin, der ich bin, und ich bin für euch da. Deshalb: Seid achtsam mit meinem Namen. Und tretet mir nicht zu nah. Das ist das zweite Gebot.

Tretet mir nicht zu nah, wiederhole ich still. Ja, so spricht auch Mirjam. Und doch tanzte sie um das Kalb. – Weiter, sagt Mose. Ich glaube, dies ist das dritte: Der siebte Tag der Schöpfung ist ein gesegneter Tag. Da sollst du ruhen, nicht raffen. – Weißt du noch, Herr, sage ich. Wir lernten die Ruhe durch Gottes Brot.

Am siebten Tag darfst du ruhen, das ist das dritte Gebot. Das vierte, sagt Mose und sucht in den Scherben: Eltern und Kinder, achtet einander. Denn zwischen euch ist ein heiliges Band. Ja, sage ich, wie Söhne den Vätern Kummer bereiten und was daraus wächst, das lernen wir an Ruben und Josef, an Jakobs Söhnen. So soll es nicht wieder sein.

Ein jeder achte das Leben, liest Mose auf einer Scherbe. Dass er nicht tötet, was Leben von Gott hat, wie er. Ja, hätte Kain das bedacht, sage ich. Oder ich, sagt Mose, bevor ich den Ägypter erschlug. Oder ich, sage ich, als ich gegen Amalek kämpfte. Du hast es bedacht, sagt Mose und sieht mich an. Du kämpftest, um Leben zu … retten.

Ein jeder achte das Leben, sage ich noch mal. Das ist das fünfte Gebot. Und das sechste, Herr? Du sagtest ja, es sind zehn. – Ein jeder Mann achte die Frau, die ihm angehört, und jede Frau achte den Mann, der ihr angehört, dass sie sich nur nicht verletzen. Nur wenn sie fest zueinander stehen, wird ihr gemeinsames Leben gelingen, sagt Mose.

Männer und Frauen, achtet die Ehe, sage ich. Wie viel weniger Leid hätte Lea gehabt, wenn Jakobs Herz nicht an Rahel gegangen hätte. Und doch, sagt Mose, war die Liebe zwischen Rahel und Jakob ein heiliges Band. Labans Betrug hat das Unheil gebracht. Und so heißt das achte Gebot: Achte die Wahrheit und meide Betrug.

Du hast das siebte vergessen, erinnere ich Mose. Ich finde es nicht, sagt Mose und sucht in den Scherben. Weißt du, wie Jakob das Band stahl, das Esau gebührte? Es ist gewiss auch nicht richtig, zu stehlen. Da ist es, ruft Mose. Du hast Recht, Josua. Jeder achte des andern Hab und Gut, so steht hier geschrieben das siebte Gebot.

Es sind gute Regeln, sage ich, die das Leben leichter machen. Was noch? Die letzten beiden, sagt Mose; ich dachte zuerst, sie sind doppelt: Jeder achte auf sein eigenes Hab und Gut und trachte nicht nach andrem. Das ist das neunte. Das zehnte aber: Jeder achte auf das, was ihm anvertraut ist, und träume nicht von andrem.

Die sind, sage ich, für den Frieden im eigenen Herzen. Ich denke an Lea, und wie sie Unglück wünschte für Rahels Kind. Und wie Rahel Lea beneidete um ihre Söhne! Wie viel Freude haben sie sich und Jakob dadurch verdorben! Josua, sagt Mose, nun haben wir alle Gebote wieder gefunden. Gott weiß, wir danken es dir.

Lieder

Friede in unserem Haus (s. RU primar, Geh mit Gott, S. 21)

Mirjam und Aaron unterhalten sich

M 24

Viele Monate sind die Israeliten nun schon gemeinsam unterwegs. Das folgende Gespräch zeigt, worüber sich Mirjam und Aaron Gedanken machen.

Lest die Sätze mit verteilten Rollen.

Aaron: Jetzt sind wir schon eine ganze Weile unterwegs.

Mirjam: Und das mit so vielen Leuten!

Aaron: Manchmal ist das gar nicht so einfach!

Mirjam: Ja, da hast du allerdings Recht.

Aaron: Hast du mitbekommen, dass sich gestern Abend zwei Familien ganz fürchterlich gestritten haben?

Mirjam: Ja! Das war nicht zu überhören! Der eine Vater hat behauptet, der andere hätte ihm sein Werkzeug weggenommen. Der andere hat ihn angeschrieen, dass er damit nichts zu tun habe. Die wurden immer lauter, bis schließlich der eine dem anderen eine Ohrfeige gegeben hat.

Aaron: Zum Glück kam dann eine Frau dazu und hat die Beiden gestoppt. Aber das war ja nicht der einzige Streit auf unserer Reise ... Und manche machen, was sie wollen. Schimpfen, wenn wir nicht weiter ziehen und gehen schon allein los.

Mirjam: Manchen ist es auch egal, dass die Alten schwächer sind und nicht mehr so schnell können. Gestern hat eine Frau ihre alten Eltern angeschrieen, dass sie doch auch in Ägypten hätten bleiben können.

Aaron: Ich habe neulich gesehen, dass eine junge Frau einer anderen goldene Ringe gestohlen hat. Zum Glück hat sie selbst gemerkt, dass das nicht in Ordnung war, und die Ringe zurück gelegt.

Mirjam: Wenn ich länger darüber nachdenke, fällt mir noch vieles ein.

Aaron: Ja, wenn so viele Menschen zusammen sind, ist es nicht einfach. Egal, ob man fest in einem Land lebt oder ob man auf der Reise ist!

Mirjam: Vielleicht sollten wir mal Regeln zum Zusammenleben vereinbaren, damit es in Zukunft noch besser klappt.

Kannst du erklären, worüber sich Mirjam und Aaron unterhalten? Hast du Ideen, welche Regeln zum Zusammenleben sie vereinbaren könnten?

1. _____

2. _____

3. _____

M 25

Die 10 Gebote

Du sollst nicht lügen.

Du sollst dir nichts aneignen, was dir nicht gehört.

Ich bin der Herr, dein Gott, der dich aus Ägyptenland geführt hat. Du sollst keine anderen Götter neben mir haben.

Du sollst deinen Vater und deine Mutter ehren.

Du sollst nicht töten.

Du sollst dir kein Bildnis machen von Gott.

Du sollst nicht die Ehe brechen.

Du sollst nicht stehlen.

Du sollst den Namen des Herrn, deines Gottes, nicht missbrauchen.

Du sollst den Feiertag heiligen.

Die Gebote sind durcheinander gekommen – vergib Ziffern von 1–10 in der richtigen Reihenfolge. (Zur Kontrolle: das Deckblatt)

Manche der Gebote sind fetter gedruckt als der Rest: Was verbindet diese fett gedruckten Gebote? Was ist das Besondere an ihnen?

Schreibe das Gebot, das dir gerade jetzt am wichtigsten vorkommt, auf die Schriftrolle.

(2 Mose 20, 2–17 i.A.)

10 Das Gelobte Land sehen –
wenn man am Ende eines Weges ankommt

Am Ende eines langen Weges darf Mose das Gelobte Land sehen, aber er wird Zeit seines Lebens nicht einen Fuß in das Land hineinsetzen. Mit Gott an seiner Seite und einem großen Ziel vor Augen ist er seinen Lebensweg gegangen und hat dabei die ihm aufgetragene Aufgabe zuverlässig und voller Vertrauen ausgeführt. Dabei durfte er mit Gott sprechen, seine Worte hören und ihm näherkommen. Als sein Auftrag nach unvorstellbar langer Zeit mit vielen Mühen ausgeführt ist, gibt Mose den Stab weiter an seinen Nachfolger Josua und spricht diesem den Segen Gottes zu. Mose zeigt sich hier als ein Diener Gottes, der sich in einer Reihe sieht mit anderen auserwählten Menschen, die bis zu einem Ende des Weges in das Gelobte Land führen werden. Als er merkt, es ist an der Zeit, kann er loslassen und abgeben. Mit dem Blick in das Gelobte Land nimmt er Abschied von der Welt und lässt sich in Gottes Hand fallen.

Hier geht es weniger um das Thema Tod und Sterben als vielmehr darum, dass Mose seine Aufgabe ausführen durfte und am Ende eines langen Weges ankam. Im Rückblick betrachtet, war es ein Weg voller Höhen und Tiefen, auf dem er aber niemals das Ziel aus den Augen verlor. So wie er am brennenden Dornbusch seine Aufgabe annahm, kann er diese nun getrost aus der Hand geben, ohne um die Macht oder um den Einzug in das versprochene Land zu buhlen. Im Nachhinein wird sichtbar, dass er zusammen mit dem israelitischen Volk auf dem Weg behütet und geführt war.

Bei der Arbeit mit den Kindern könnte es in dieser Sequenz um einen Rückblick auf den Gesamtverlauf der Geschichte, aber auch um das Bewusstmachen der Begleitung und Erfüllung der Verheißung Gottes gehen. Außerdem könnte kurz thematisiert werden, dass Mose am Ende bereit ist, seinen Stab abzugeben und im Vertrauen auf Gott das Volk weiterziehen zu lassen. Im Vertrauen loszulassen, könnte ein Motiv sein, das Kinder noch nicht unmittelbar nachvollziehen oder bewusst reflektieren können. Es kann aber auch ein Motiv sein, das einen lebenslangen Lernprozess einleitet und erst später bewusster verarbeitet werden kann.

 ## Ein Ziel vor Augen haben

Von Gott geführt zu werden auf einem Weg, der in das versprochene Land führt, bedeutet Vertrauen zu haben und immer wieder zu entwickeln. Es bedeutet aber auch, das Ziel als ein eigenes anzuerkennen, daraus eine Perspektive zu entwickeln und diese nicht aus dem Blick zu verlieren. Ein Ziel vor Augen zu haben, kann helfen, Motivation und Kraft zu entwickeln. Es fordert aber gleichzeitig dazu auf, Energie einzusetzen, das Augenmerk darauf gerichtet zu halten und Durchhaltevermögen zu entwickeln. Ein derartiges Ziel kann ermöglichen, dass der Blick darauf hilft, Unwichtiges außer Acht zu lassen und dass eine eingeschlagene Richtung konsequent verfolgt oder auch bewusst verändert wird.

„Noch drei mal schlafen, und dann hab ich Geburtstag!" So reden Kinder und machen deutlich, dass sie die Vorfreude auf wichtige Ereignisse sehr intensiv erleben, dass sie Strukturierungsangebote annehmen und entsprechende Rituale mit großer Ernsthaftigkeit einsetzen. Sie können spüren und benennen, welch wichtige Funktion es haben kann, ein Ziel vor Augen zu haben: Kinder können ihre Freude ausdrücken und sich bewusst machen, welche Stimmung und Kraft Vorfreude auslöst. Gleichzeitig werden sie auch ausdrücken können, wie schwierig das Abwarten sein kann und wie ungeduldig sie manchmal sind. Das Gedicht „Wenn ich vor Freude nicht schlafen kann ..." will in die Thematik einführen und kann als Gesprächsanlass genutzt werden. (🖉)

Zum Vortragen und Sprechen

Wenn ich vor Freude nicht schlafen kann,
nicht jeden Abend, nur dann und wann,
wenn ich vor Spannung fast platzen will,
hab in der Nacht ich nur ein Ziel:

Schnell wie ein Flugzeug soll Zeit vergehn,
endlich, endlich will ich dann aufstehn,
will ich springen aus dem Bett,
leicht, als ob ich Flügel hätt.

Ach, das Warten ist so schwer,
wo nehm ich Geduld noch her?
Alles kribbelt in mir drin,
weil ich voller Freude bin.

Sich von Gott begleitet wissen

Auf dem Weg zu einem Ziel immer wieder innezuhalten, sich zu erholen und sich der Begleitung bewusst zu werden, kann Kraft zum Weitergehen schenken. Mit Kindern innezuhalten, sie zur Rückschau auf Teilstrecken ihres Weges anzuregen und über die Begleitung durch Gott nachzudenken, kann für sie zu einer tiefen Erfahrung werden.

Im Rahmen des Religionsunterrichtes wird es nicht darum gehen, von den Kindern Bekenntnisse ihres Glaubens zu fordern, sondern eher, sie mit unterschiedlichen Ausdrucks- und Deutungsmöglichkeiten für die Erfahrung des Begleitetseins bekannt zu machen, sie ins Gespräch darüber kommen und bei Bedarf auch eigene Erfahrungen benennen zu lassen.

Möglicher Verlauf

Die Partnerübung „Blindenführung" ermöglicht ein bewusstes Nachvollziehen der Erfahrung, begleitet zu sein, ohne den Begleitenden zu sehen. Immer zwei Kinder suchen sich im Klas-senraum einen Platz und legen fest, wer zuerst einen Weg mit verbundenen Augen geht und wer den anderen begleitet. Das begleitende Kind legt den Weg fest und ermöglicht durch Nähe und Berührungen dem anderen, den Weg gut gehen zu können. Danach tauschen die Kinder die Rollen.

Im Anschluss könnte im Gespräch auf Erfahrungen der Kinder eingegangen werden. Dabei sollte auch die Frage: „Wodurch hast du die Begleitung gespürt?" eine Rolle spielen. Das Lied „Wir haben Gottes Spuren festgestellt" (Lied, S. 103) könnte am Ende eine Verbindung zur Mose-Geschichte herstellen und gemeinsam bedacht werden.

Als Impuls für leistungsstärkere Klassen könnten die Gedanken „Gott begleitet. – Gott hinterlässt Spuren." zum Lied hinführen und zusätzliche Anregungen für ein Gespräch bieten. Hierbei sollte die Frage, wie Gott Spuren hinterlassen kann, wenn man ihn doch nicht sieht, aufgegriffen werden.

Mose sieht das Gelobte Land

Am Ende eines langen Weges erreicht Mose nicht das versprochene Land selbst. Aber die Verheißung Gottes vom Dornbusch geht für ihn insofern in Erfüllung, als er es sehen und sich seines Anblickes erfreuen darf. Er ist angekommen in Blickweite seines Ziels, trotz aller Umwege, trotz des Zweifelns, der Fragen, der Entbehrungen. Das Land der Fülle liegt vor seinen Füßen und verspricht ein reiches Leben für die Israeliten. Der Blick auf das „Land, wo Milch und Honig fließen" macht Hoffnung darauf, dass es durch Gottes Führung ein Leben geben kann, in dem Ungerechtigkeit, Leid und Not keine Rolle mehr spielen.

Die Vorstellung eines solchen Landes wurde von Menschen in unterschiedlichen Zeitaltern sicherlich unterschiedlich gefüllt. Es kann sowohl konkret als auch symbolisch gedeutet werden. Wo es im Laufe der Geschichte konkret gedeutet wurde, brachte es häufig auch Besitzansprüche und politische Streitigkeiten mit sich. Im Rahmen des Grundschulunterrichts kann die Frage nach der politischen Geschichte Israels sicherlich nur eine untergeordnete Rolle spielen. Wird es eher im übertragenen Sinne als von Gott geschenktes Land, in dem ein Leben in Fülle möglich ist, gedeutet, so eröffnet es auch schon für den Primarbereich vielfältige Möglichkeiten.

Möglicher Verlauf

Kurz vor Ende einmal durch die Augen Moses zu schauen und Vorstellungen des verheißenen Landes auszudrücken, könnte ein Ziel für diesen Unterrichtsabschnitt sein. Was mag Mose gesehen, gedacht und gewünscht haben, als er in Ruhe um sich geschaut hat? Das Deckblatt (S. 99) skizziert die Szene und kann dafür genutzt werden, dass Vorstellungen gemalt oder Gedanken aufgeschrieben werden.

Die vorgegebene Perspektive des Mose führt dazu, dass innerhalb der Geschichte überlegt und dadurch möglicherweise einerseits Ernsthaftigkeit erzielt wird, andererseits aber bildhafte Aussagen angelegt werden. Kleinere Kinder können hier ihre konkreten Vorstellungen vom versprochenen Land darstellen. Ältere können sich auch verbal über Möglichkeiten und Hoffnungen für ein gelingendes Miteinander im Vertrauen auf Gott äußern.

 ## Mose – von Gott begleitet 40 Jahre unterwegs

Eine lange Geschichte, die den Weg eines Menschen und den eines ganzen Volkes mit Gott beschreibt, nähert sich dem Ende. Die Hauptfigur, Mose, hat ein wechselvolles und ereignisreiches Leben hinter sich. Als Kind zwischen zwei Kulturen groß geworden, gerät er als junger Mann in einen Gewissenskonflikt, weil er aus Zorn über Ungerechtigkeit Regeln übertreten und einen Menschen getötet hat. Als er flieht, ist für ihn nicht alles aus, sondern gerade er wird von Gott angesprochen und lässt sich von seinem Auftrag in Bewegung setzen. Dem Pharao, der sich gottgleich versteht, führt er die Stärke Gottes vor Augen und führt schließlich ein ganzes Volk aus der Unfreiheit. Allen Widerständen und Zweifeln zum Trotz kommt er nach unglaublich langer Zeit kurz vor seinem Ziel an und darf es sich ansehen. – Diese lange Geschichte Gottes mit Mose und mit seinem Volk will in seinen Motiven aufgenommen und immer wieder neu gedeutet werden. Je nach Lebenssituation kann der Akzent eher auf persönliche oder auch sozialpolitische Aspekte gelegt werden. Immer aber lädt die Geschichte dazu ein, als komplexes Bild der Führung und Begleitung Gottes verstanden zu werden.

Möglicher Verlauf

Am Ende des Weges des Mose bietet es sich in der Grundschule an, die einzelnen Abschnitte wiederholend in Gedanken und durch die Unterstützung von Bildern aneinanderzureihen. Einzelne Stationen und Motive des Weges können so noch einmal im Zusammenhang vor Augen geführt und aufeinander bezogen werden. Die Titelblätter der einzelnen Kapitel können dafür kopiert und auf ein großes, aus Pappe vorbereitetes Leporello geklebt werden. Für die Schüler könnten die Bilder auf A6 verkleinert kopiert und ebenfalls als Leporello geklebt werden. Bei einem abschließenden Gespräch könnten folgende Aufgaben und Fragen eine Rolle spielen:

☺ „Mose blickt zurück. Vieles hat er erlebt auf seinem Weg, mit den Menschen und mit Gott. Kennzeichne Stellen, an denen er etwas mit Menschen erlebt hat, am großen Leporello, indem du eine Menschen-Figur davor legst. Kennzeichne Stellen, an denen er etwas Wichtiges mit Gott erlebt hat, indem du ein Feuer-Bild davor legst. **(M26)**

☺ „Hey, Gott verlässt *mich* niemals, lässt *mich* nicht fallen, bleibt *mir* nah...“ – Dieses Lied haben wir mit ähnlichem Text gesungen. Was meinst du: Passt dieser Text für Mose? An welchen Stationen seines Weges könnte er das gespürt haben?

☺ Stell dir vor, ein ägyptischer Reporter hätte sich auf die Suche nach den Israeliten gemacht und wäre ihnen bis hierher gefolgt. Was würde er über den Weg der Israeliten berichten?

☺ Am Ende der Geschichte zeigt Gott Mose das Gelobte Land. Überlege, was Mose auf dem Berg Gott sagen könnte. Dankt Mose für etwas? Lobt er Gott? Bittet er um etwas? Schreibe einige Sätze auf die Sprechblase.“ (M26)

Vor Abschluss der Einheit könnte kurz auf die Josua-Geschichte eingegangen werden. Dabei sollte der Schwerpunkt darauf liegen, dass die Israeliten schließlich in das Gelobte Land einziehen. Zum Ende könnte die 10. Sequenz des Mose-Liedes (M2) als abschließende und zusammenfassende Weiterführung der Geschichte gesungen werden.

Lied

Wir haben Gottes Spuren festgestellt, Strophe 1 und Refrain; dazu weiter mit neuem Text:

2. Wege war'n frei, fort war die Wasserflut,
   Gott will in Freiheit leiten,
   Manna und Wachteln gaben neuen Mut,
   auch in den Wüstenzeiten.

 Zum Ausschneiden und Gestalten